臺灣老虎郵

百年前臺灣民主國
發行郵票的故事

李明亮 原著　王威智 編撰

目次

故事開始之前

本書的前身是《臺灣民主國郵史及郵票》。

一九九五年，《臺灣民主國郵史及郵票》問世，作者李明亮先生於自序表明，挑在臺灣民主國一百週年出版是一項刻意的安排，對他有特別的意義，因為他成長於臺灣民主國崛起旋而滅亡之地，臺南府。

近二十年後，李先生在自傳《輕舟已過萬重山》寫道「一生比較值得留下的書」有兩本，《臺灣民主國郵史及郵票》是其中之一。

流浪邁阿密

引爆故事的是一枚流落異鄉的郵票。

一九六六年夏天，李明亮飛往美國邁阿密深造，某日走進街上郵店，瞥見一套郵票，郵票上印著「臺灣民主國」，這幾個不是難字，湊在一起卻令他感到疑惑而陌生。

儘管一腹狐疑，李明亮仍出手買下。對於發行這套郵票的國家，他一點印象也沒有，回想中學和大學的歷史課程，記不起臺灣有這麼一個共和國，也想不起哪一本郵票目錄曾收錄這套郵票。

這是一次偶然的機遇，卻促使李明亮展開遍及全球的文獻搜索。一九六六年起，李明亮設法與世界各地的圖書館取得連繫。在普林斯頓大學圖書館，李明亮看到甲午戰後協助中國與日本談判的美國領事約翰．福斯特（John W. Foster）的手稿，那些泛黃易碎的破舊紙張把歷史活生生的帶回眼前，讓一個幾十年後來自臺灣的年輕人心生難以付諸紙筆的感觸。

這一項追索持續了三十年。在漫長的歷程中，李明亮盡可能以照相的方式攝取圖片，有計畫地收集零零碎碎的文獻，與許多研究獨虎票的專家交換意見，拜訪集郵家，親見貴重的收藏。善意來自各方，其中最令人敬佩的是臺中烏日的陳鄭添瑞醫師，大方且無私的出借珍稀的臺灣民主國郵票，無條件無限期供李明亮研究。

臺灣民主國郵票印行的數量與日期一直缺乏可考的官方記錄，文獻上充斥各種臆測及假設性的推論，李明亮「希望能將其中許多空白補起來，以釐清曖昧不明的說法」，以接近歷史的原貌。懷著這樣的期許，李明亮在一九九〇年代初完成了《臺灣民主國郵史及郵票》英文初稿。

《臺灣民主國郵史》寫什麼？

《臺灣民主國郵史及郵票》可大別為三個部分。

首先是文獻回顧，包括臺灣民主國的簡史、臺灣民主國郵政事務創辦人麥嘉林（C. A. McAllum）在臺灣的服務歷程——由於資料闕稀以至於顯得疏簡，而且帶有推測性質，此外還有一篇首任美國駐臺領事禮密臣（James W. Davidson）的傳略。

其次，李明亮深入探討郵票的發行日期、數量、設計、版本、紙質、顏料、郵戳、實寄封……，並細究版本，包括每一個版本的特徵與問世背景。

在長達三十年的探索歷程裡，李明亮徹底展現科學家本色，儘管不是狂熱的郵票迷，也不是搜奇納珍的收藏家，卻以最認真的集郵家也想不到的科學研究方法，試圖揭開獨虎票的身世。他使用精度一微米（10^{-6} M）的測微器測量紙張厚薄；他把獨虎票送進巨大的 PIXE 分析器，利用質子撞擊引出 X 光以分析紙張和顏料的化學組成（部分珍貴的郵票因此受到損傷），藉此界定個別版本的特性，同時辨識真偽；他利用顯微鏡令紙張纖維和顏料顆粒原形畢露；他大量羅列反覆比較郵戳、郵資、實寄封，放膽推論在獨虎票的時代終結以前偽票即已誕生，而精心假造的實寄封比比皆是。一切費心實驗分析的結果都以科學研究的嚴謹精彩地呈現在第三部分，那些化學元素的組成分析圖整齊排列在書頁上，默默訴說當代先進科技如何介入歷史的追尋，從而激發絢麗的火花。

還有附錄，李明亮蒐集難得一見的文獻，包括臺灣民主國建國兩天後躍上倫敦《泰晤士報》（*The Times*）的報導、兩篇臺灣民主國覆亡一個月內刊登於《香港日報》（*Hong Kong Daily Press*，今已停刊）的文章、兩本著名的獨虎票小郵冊、一九七二年從德文譯回中文的〈獨立宣言〉，以及安平領事胡力穡（Richard W. Hurst）對臺灣民主國結束過程的描述。

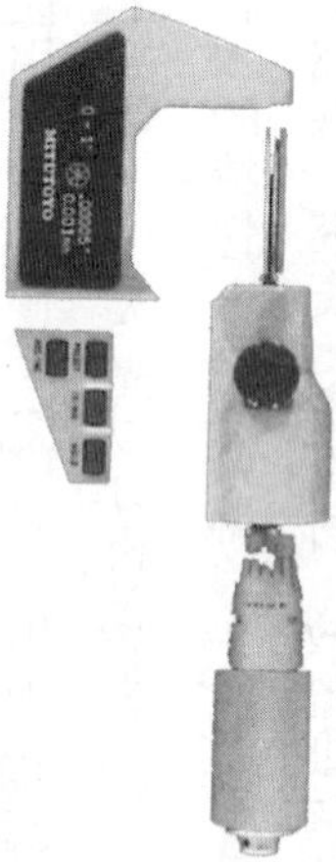

精準的測微器，最薄可測得一微米，相當於 0.001 毫米（公釐）或 0.00004 英吋。

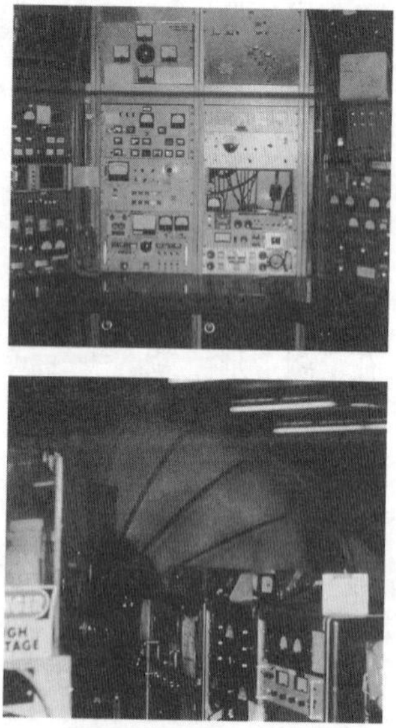

PIXE 分析器裝置。上，電腦操縱盤；，下，質子跑道。

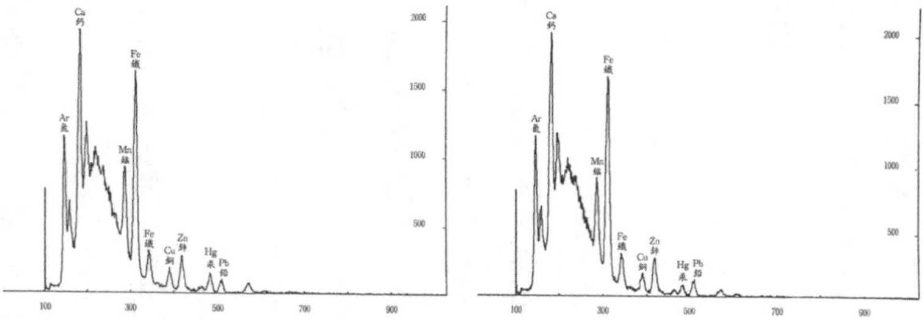

第 II 版及 III（A）版郵票紙質的 PIXE 分析比較，兩圖的化學組成曲線相同。

兩個核心人物

臺灣民主國只發行過一套郵票，至少正式發行兩個版次，一般認為發行三或四版。這套郵票在臺灣稱為「獨虎票」，國外通常稱為「一八九五年的臺灣黑旗票」（Black Flag Issue），儘管郵票上沒有黑旗的字樣或圖樣，而是緣自當時臺灣民主國在臺南（聽起來像中華民國在臺北）的實際領導人黑旗將軍劉永福。

獨虎票是本書的主角，而創造獨虎票的關鍵人物是麥嘉林，當年他只是一個名不見經傳的英籍海關小職員。戰爭開始不久，臺灣民主國的銀糧即耗用殆盡，滿清大員如張之洞等允諾秘密資助，後來證實他們的承諾比泡沫還脆弱。為了籌足軍款銀糧，劉永福的幕僚想盡辦法，其中吳質卿在八月上旬一個或許十分晴朗美好的上午踏進安平海關（即臺南海關），向被迫留守的麥嘉林徵詢意見。

我們很有理由相信吳質卿是在萬念俱灰之下拖著腳步跨進海關大門，在空蕩蕩的海關房舍見到麥嘉林。一八九五年的麥嘉林極可能還是一個不滿二十五歲的年輕人，而一個生於咸豐末年在官場飽經歷練的中國幕僚其世故老練絲毫毋須置疑，會向一個外國小伙子徵詢如何籌錢打仗嗎？至少不太可能正經嚴肅地請教，何況在此數天前劉永福才受到吳質卿的鼓動，決定設立官銀票局。吳質卿向一個無關的局外人吐苦水的成分居多，或許基於禮貌，麥嘉林才隨口提起郵票。

麥嘉林究竟基於什麼理由提議發行郵票，或許是一道無解的謎，但他後來確實成為臺灣民主國郵政的主事者，郵局就設在他正職所在的安平海關。此時的麥嘉林是海關代理主管，日常起居生活不是在海關，就是在稅務司公館。據考證，海關位於安平舊港南岸與東岸交會處[1]，已不復存，原址今為國立臺南高級海事水產職業學校；而稅務司公館一度是臺南市立永漢民藝館，如今是「熱蘭遮城博物館」所在地。

無論發行郵票的臺灣民主國還是承辦業務的安平海關，似乎都沒有留下可靠的文書紀錄，所幸戰地記者禮密臣在某種程度上彌補了這個缺憾。當時禮密臣年僅二十三歲，千里迢迢越洋趕到臺灣，站在明顯親日的立場全程目睹臺灣的不安、反抗與屈從。接下來幾個月，獨虎票登場。在比臺灣民主國更短命的安平海關郵政史中，禮密臣扮演的無疑是一個戲分吃重的配角。一九〇三年，禮密臣出版《臺灣島的過去與現在》（*The Island of Formosa, Past and Present*），一部極具份量的臺灣專著，也是多年後李書及本書提到相關的歷史時間與地點時重要的依據。

安平海關稅務司公館一度是臺南市永漢民藝館，如今為熱蘭遮城博物館。

關於本書

一九九五年，筆者有幸參與《臺灣民主國郵史及郵票》的編輯工作。二十年後，筆者向李明亮先生徵詢是否可能以原書為基礎改編重新出版，讓更多人認識那一個混亂時代的另一個面向。

在書信往返中，李先生展現了一名前行者無比的氣度及一位長者的溫暖與謙遜。他說：「臺灣民主國那一段歷史不是任何人的專利，我很高興有人有興趣寫它。尤其是麥嘉林這個人，我曾想盡辦法尋找他的後代，但一直沒有找到。如果新書中提到我的書的部分，你們可以說這是引用某某人的書作，這樣就夠了。」

今《臺灣民主國郵史及郵票》得以另一個面貌再度面世，一方面重新編敘獨虎票的故事，一方面步踵前輩的足跡，繼續鑽尋文獻，試圖深掘麥嘉林在遠東的行止經歷。這或許是向李先生致敬並致謝的最佳方式了。

在此必須說明，李氏原書提及外籍人士，名氏往往直採音譯，然而曾任職大清海關和駐清領事館的外國人各自擁有正式漢名。筆者透過網路檢索哈佛大學圖書館數位化的《新關題名錄》[2]及中央研究院近代史研究所「人名權威檢索系統」[3]，並查閱《清季中外使領年表》與《近代來華外國人名辭典》等書，為李書提及的外籍使館及海關人員回復官方登載的漢名，藉此盡可能貼近歷史。於是，臺灣民主國時期英國駐安平領事 Richard W. Hurst，李書作「賀斯特」，改為「胡力穡」；同時期安平（臺南）海關主管 William F. Spinney，李書作「司畢尼」，改為「司必立」；其他於前述文獻留有紀錄者均循此原則更改，不一一列舉。

唯一的例外是 James Wheeler Davidson，也就是禮密臣，李氏原書裡的戴維遜。

一八九五年 Davidson 從日本轉進臺灣，時任臺灣巡撫的唐景崧發予護照，上載漢名為「德衛生」。一九〇四年，北京美國公使館應 Davidson 之請將其官方漢名改為「達飛聲」，稍後中國外務部接獲通知，「達飛聲」於是成為 Davidson 在官方文獻裡的正式漢名。

不過，「禮密臣」這個譯名似乎才更能顯出 Davidson 與臺灣關係匪淺。一八九六年，大稻埕富商李春生與Davidson同訪日本，後來李氏在《東遊六十四日隨筆》一書以臺灣通行的閩南語發音稱Davidson為「禮密臣」（Lé-bit-sîn）。直到一九〇三年Davidson離開臺灣，滯臺前後九年，其間親見乙未戰事，初任美國駐淡水領事代辦，後任駐淡水領事，目睹世紀之交動盪的臺灣，撰寫《臺灣島》。這段期間的Davidson是一個以Lé-bit-sîn之名深涉臺灣歷史的美國人，儘管其人立場一向親日。是以本書在此不採「德衛生」或「達飛聲」，並暫請原書《臺灣民主國郵史及郵票》的「戴維遜」退場，讓「禮密臣」登台。

此外，李氏原著註解鉅細靡遺，本書為利於閱讀而適度刪修，部分則代之以更新的資訊，如引用之書籍版本。又原書參考書目羅列連頁，本書未予保留，如需深入追索，查閱原書是最佳也是必要的途徑。

後來

一枚獨虎票流浪到邁阿密，一瞬間觸發了一名年輕科學家迢遙的追索。

二〇一七年十月，一個日頭西斜清風吹拂的午后，李明亮一度陷入久遠的回憶，他說，半世紀前那一枚不可思議的獨虎票，其實是一枚第iii版偽票。

臺灣郵政・一八九五以前

一八八八年，臺灣巡撫劉銘傳在臺北創立全省性的現代化郵政，先於一八九七年建立的大清郵政，儘管早在一八七八年滿清就發行了著名的「大龍郵票」，那是中國第一套現代郵票。

紛歧的郵務系統

新式郵政出現之前，臺灣的郵遞管道多重而分歧，官方的「鋪遞」歷史悠久，「汛塘」系統專屬軍方，鹽館「課擔」兼辦郵遞，還有閩南方言稱為「批信局」或「批館」的民營信局，也就是私人郵局，簡稱「民信局」、「民局」或「信局」。

臺灣的民信局以和大陸各口岸往來寄遞為主，臺灣境內郵件為輔，由於標榜輪船運輸，所以正式名稱為「輪船信局」。光緒初年在臺北掛牌營業的輪船信局有全泰成、協興昌……等，幾年後陸續前往臺南開設分號，不久又有葛運泰、老合興……等相繼開業。

文報局性質特殊

如同中國本土，「文報局」這一套特殊的郵務系統也同時在臺灣運行。文報局，一八七六年始於上海，最初專為外交使館收發而設。隔了一年丁日昌仿照成立臺南文報局，一八八一年岑毓英又設臺北文報局，專門負責臺灣與大陸各口岸往來文報的收發經轉，強化臺灣地區的文報寄遞，性質類似今日國際郵件的收轉，但實際上不從事郵件遞送。

海關獨立郵務

同時期的臺灣海關包括淡水、打狗、安平等在開設之初就比照大陸海關，寄遞海關及其職員的公私文件，但並不受理一般郵遞業務，各海關在臺灣境內寄遞郵件仍然利用官方的鋪遞和劉銘傳創設的新式郵政[4]。

新式郵政下的官方郵票

一八八八年臺灣建立全省性郵局後，當局發行了幾種郵票。這些郵票都很特殊，木製版模，黑色墨料，手工蓋印。郵票尺寸相當大，其中有所謂政府用的官方郵票，也有民間用的郵票，每一種都有很多型式。

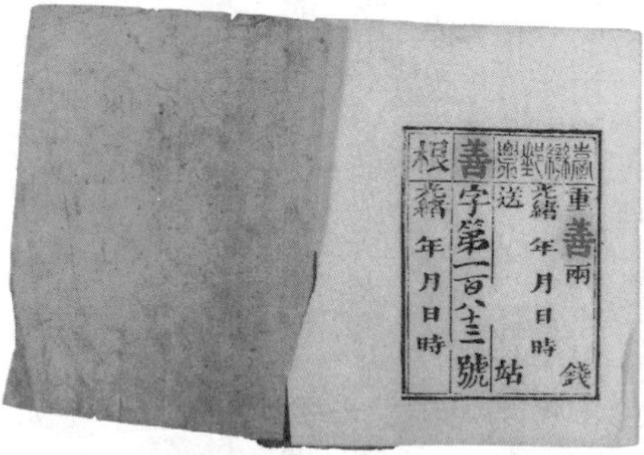

民主國之前的公務用郵票，訂成小冊，每冊一百枚。

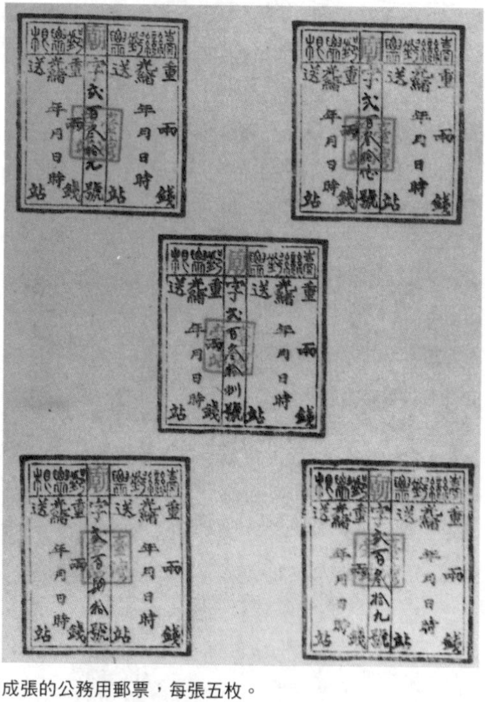

成張的公務用郵票，每張五枚。

不被當成郵票的龍馬票

一八八八年六月，倫敦 Bradbury, Wilkinson & Co. 承印著名的「臺灣龍馬票」，龍馬票印工精良，但不知何故從未當成郵票使用，而是做為火車票。現今存留的龍馬票經常蓋有起訖站戳記，如「臺北至錫口」（今臺北市松山）或「臺北至水返（轉）腳」（今新北市汐止）。長年以來，這些龍馬票一直是集郵家爭相收藏的對象。

龍馬票印製精良

被當成車票使用的龍馬票，加蓋站名戳記。

一八九五・五・二十五

劉銘傳的新式郵政開辦不到十年，臺灣就面臨巨變。

割讓・獨立

一八九四年清日因朝鮮問題爆發甲午戰爭，滿清落敗，其後李鴻章與日本伊藤博文展開一連串艱苦的戰後條約商訂，不料臺灣竟成為日本的戰利品。

一八九五年四月十七日馬關條約簽訂，滿清於五月二日批准，五月八日與日方在山東煙台與日方代表換約，臺灣正式割予日本。

當時臺灣人民極其焦慮、恐懼與憤怒。混亂之際，臺灣民主國於五月二十五日匆匆成立，號稱亞州第一個共和國。唐景崧在眾人簇擁下從大清臺灣巡撫變成臺灣民主國首任總統，以藍地黃虎旗為國旗[5]。

A REPUBLIC PROCLAIMED IN FORMOSA.

HONGKONG, May 25.

The Chinese in Formosa have proclaimed an independent Republic, with Governor Tang as President. The Powers have been officially informed of this step. General Tcheng, late of the Chinese Legation in Paris, who is in Formosa, and General Kahongkuk, with his army, support the movement. Money, arms, and soldiers are being shipped from the mainland, and a Japanese landing will be vigorously opposed. Some local risings in sympathy with the movement have taken place on the mainland. There is a strong anti-dynastic feeling in South China. The proclamation of a Republic in Formosa anticipates the plans of the leaders of the anti-dynastic movement, who fear that it will wreck their scheme.—*Our Correspondent.*

建國三天後就是端午節，但吃粽競舟的氣氛應該不如往年那麼歡樂，因為隔天五月二十九日日軍就從東北角的澳底登陸了。

唐景崧和大部分官員匆匆忙忙逃往中國大陸，留下沒有組織、孤立無援的同胞，獨力面對洶湧而來的日本大軍。

六月七日日軍進入臺北城。

六月十七日，日本成立臺灣總督府。

艋舺耆老想當年

艋舺耆老陳猪乳在一九五三年一場座談會中回憶年少時目睹的建國大典。根據老先生的記憶，一八九五年五月二十五日那一天，臺北城西門附近似乎相當熱鬧：

各地的代表都聚集艋舺參加送印，我那時候也親身去看過遊行隊伍。送印是排成整齊的隊伍，由艋舺送去的。總統印是銀製的，用黃綢布包紮，上面還插著金花一對，放在四腳香亭中，這四腳亭是由秀才扛的。送印的遊行隊伍次序是民主國的藍地黃虎旗領先，繼後是旗牌

一八九五年五月二十七日（星期一）倫敦《泰晤士報》第五版第四、五欄刊出臺灣出現一個獨立國家的消息，標題作「福爾摩沙宣布成立共和國」（A Republic Proclaimed in Formosa），並未提到正式的國家名稱。

執事，四腳亭、大鑼、地方代表、進士、舉人、士紳，隊伍很長，經過的時間約達一小時。（大隊人馬）在營盤頂集合後，經過北皮寮、龍山寺、新店頭、舊街、直街仔、草店尾、祖師廟、新起店，過了河溝，由西門進城，入撫臺衙舉行儀式。6

戰地記者的見證

禮密臣是當時臺灣唯一的戰地記者，不久前他才結束一場北極探險，又立刻趕到亞洲，見證險厄一步一步向臺灣進逼。

非常年輕的禮密臣目睹了臺灣民主國的建國之日，那天……

下起毛毛雨……，我以為在如此重大的日子，必然擠滿看熱鬧的人潮，家家懸掛國旗，燃放鞭砲慶祝……漂亮的茶花女一如往常，仍打扮得妖嬌美麗；製造茶箱的工人和茶箱包裝畫師，一樣忙碌。外僑區看不到新國旗，聽不到鞭砲聲。不過，總統府插滿新旗幟的庭院內，擠滿熱衷人士，其中兩面大旗上書「臺灣民主國總統」；這些旗幟上面，飄揚一面新國旗——藍色襯底為背景中間有隻狀似飢餓的黃斑老虎，尾巴翹得半天高，和普通老虎該有的模樣大異其趣。熱心民主國的人士主要是官員及其朋友……許多清國商人對於前巡撫在這忙碌的季節，還搞這件運動，深感抱怨。一位地方茶商向我說：「這款新玩意真好，但是我目前真無閒，沒時間去參與。」

當臺灣民主國的銀質國印遊街時……

後面跟隨不少湊熱鬧官員、士兵的遊行隊伍；不過參與的市民、商賈人數稀稀落落。直到一群漢人帶著一顆在樟腦產區獵得的番人頭顱到來……三名穿著制服的士兵高舉血淋淋的人頭，在臺北府大街小巷遊行，後面尾隨尖叫起鬨的閒雜人等，所經之處，人們暫時拋下手頭工作，擠在兩旁興高采烈地圍觀早已支離破碎的人頭。[7]

淡水海關拒絕換旗

淡水海關稅務司馬士（Horea B. Morse，一八五五～一九三四）堅持自己是中國海關官員，拒絕撤下大清龍旗改懸臺灣民主國虎旗。不過，五月二十五日那天，他並沒有推卻唐景崧的邀約，赴約途中他看見：

臺北、大稻埕街市寧靜，直至到達巡撫衙門之前，一切如常。到了衙門前面，看見衙前旗桿高懸「臺灣民主國總統」字樣的杏黃旗，才第一次從明顯的標誌中知道巡撫已成立政府接受新職了。衙門外院擠滿看熱鬧的士兵和平民。內院的頭門和二門列著一行行的鮮明旗幟和穿號衣的衛隊，胸前都佩著「臺灣民主國」標誌。我下轎進客廳時，走過一列舉槍行禮的衛隊，這是我在巡撫衙門初次看到的景象。[8]

二十一響禮砲的偵察

淡水砲臺鳴響二十一聲禮砲，藍地黃虎旗冉冉上升。

浪速和高千穗兩艘日本軍艦在不遠的淡水港外把這一切看在眼裡，但似乎沒有特別的反應，反而如平常執行任務般，把船駛近岸邊詳細偵察。

一艘汽艇從浪速艦開出，「大膽直駛入河口沙洲一哩、英國砲船鴝鳥號停泊處。」雙方交換情報，日方透露兩艘軍艦是「（新任臺灣總督）樺山（資紀）大將主力艦隊的尖兵，幾天後樺山即將抵達接收臺灣；大膽的日本水兵一說完便掉轉船頭，一邊開出港外，一邊沿途測量港深……」[9]

第二共和在臺南

日軍接著旋即展開南征。雖然臺灣軍民竭力抵抗，西部城市依然接連淪陷。六月二十六日，臺灣南部的士紳邀請黑旗將軍劉永福[10]為共和國新領袖，成立新國會，劉永福的政府就是後半期的共和國。

禮密臣在日本進入臺南府城四天後送出一篇報導，刊登於十月三十日的《香港日報》，簡要描述了臺灣民主國的臺南時期：

> 黑旗將軍劉永福的政權可以追溯到六月初唐景崧總統從北部首都臺北府逃走時。大約此時，駐臺南府道臺以及高級官員聽從清朝皇帝的話回到大陸，留下一位卸任官員，此人從前是一個很受信任的顧問，現在卻成為新道臺。
>
> 大約有一百個人和一批士紳要求當時駐在打狗的劉將軍來保護臺南府。他答應了，而且在議會裡接受了幫辦的職位。唐景崧逃走之後，當地士紳和那些組織了所謂議會的人，認為

民主國應該繼續下去，故推舉劉永福為民主國總統。事務委員會馬上就組成，開始籌備必要的款項。籌款的方法為徵收人頭稅以及「自願」稅。除了平常的土地稅及其他稅賦之外，還加徵戰爭稅，稅率由政府訂定為個人財產的百分之五。除此之外，劉永福也接收外國海關，將其所得收繳國庫。

國會遴選七位會員為諮詢委員，每天下午開會。主席及副主席分別是鵬舍與許舍。

官方同時宣布，一旦戰爭結束日本人被驅走之後，臺灣島將和平地從事建設，包括建築鐵路、開礦，商業也會隨之發展。

政府以銀鑄造民主國國印，並在隆重的儀式中交給劉永福，要求他擔任最高指揮官。如同克羅威爾，劉永福拒絕了這些名譽與職位，表示當和平來臨，證明他不孚眾望時，自然會接受這個職位。目前他只答應盡力達成大家對他的期待，同時他也要求大家無條件支持他。眾人都同意宣布此獨立政府的建立，絕非要與中國脫離關係。相反地，民主國會在中國最需要時候給予幫助，與祖國的政府同心協力攜手合作，就像是一座雙峰大山。同時大家也要了解當日本人被趕走，和平再度來臨時，島上的人民將恢復與大清祖國的關係。（全文如附錄六）

八月二十六日臺中淪陷，十月五日打狗也被日軍佔領。

十月十九日，日軍進迫到首都臺南府外圍，劉永福偽裝成平民搭乘英輪「爹利士號」（Thales）逃離臺灣內渡中國大陸[11]。

十月二十一日，日本軍隊和平進入臺南府城，臺灣民主國結束，前後五個月。

十一月十八日，日本宣布全面控制臺灣全島。

為什麼印郵票？

為什麼發行獨虎票，這個問題從獨虎票一上市就爭論不止，從來沒有人見過關於獨虎票的檔案紀錄。

未受當今官方承認

西方集郵家一開始就對獨虎票抱持高度質疑，不少郵票目錄均未刊載獨虎票，直到一九九五年美國《司各特郵票目錄》仍未將獨虎票納入其中。早期的英國史丹利．吉本斯（*Stanley Gibbons Monthly Journal*）版本也認為這一款郵票別有用途。

更奇怪的是，無論二十年前的臺灣官方郵票目錄，還是當今中華郵政全球資訊網「郵票寶藏」資料庫[12]，都不曾收錄獨虎票，連一八八八年臺灣新式郵政開辦後發行的郵票也付之闕如。這種遺漏不知道是否出於政治敏感，還是集郵人士及郵政當局的失誤。

不失郵票本色

西方集郵家懷疑獨虎票最主要的原因，在於其目的非郵政用途。獨虎票發行的目的是多向的，其中之一是勸集銀餉，類似的作法在其他國家也出現過。即使如此，獨虎票的存在與價值也不應該遭到全盤否定。

郵票發行的目的當然出自郵政需求，獨虎票也不例外。據創始人麥嘉林的記載，此郵票用於郵政服務無庸置疑，他也紀錄了海關經手使用獨虎票的信件數量。臺灣民主國戰爭期間，有一個匿名英國人——接下來將一再提到這個英國人，姑且稱之為E——從臺灣寄出一則短訊給西方的集郵刊物，他說：

> 臺灣的書信要送到中國大陸，必須強迫性地貼上這些郵票（獨虎票），所有經過當地郵局遞送的信件都要在海關接受檢查是否貼上郵票。到目前為止，這些郵票可以說是真的。

一八九五年十一月廿三日，禮密臣在《香港日報》刊登一則通訊，表示「這些郵票的確用於郵政」（參見附錄七）。著名的集郵家賓斯船長（Captain R. A. Binns）在二十世紀初也曾說過這

票印一虎……

些郵票確實在郵政上使用過。〈集郵怪誕〉的作者美爾微爾（Frederick Melville）也承認獨虎票是革命時期使用的郵票。臺灣歷史學家連橫指出：

……票印一虎，民主國之章也。凡三種，分為三十文，五十文，一百文，以兵遞之。當是時，戎馬倥傯，私信斷絕，故民問多用，乃未幾而臺南亦陷，其制遂止。——《臺灣通史．卷十九》

劉永福苦於欠餉

從以上各種記錄看來，獨虎票的確曾經當成郵票，但真正的發行動機仍值得進一步探討。發行的主要目的為何？是否曾經當作其他性質的票證使用？

增加政府財務，這是目前公認發行獨虎票最可能的目的。南部的臺灣民主國維持了四個多月，其成立的背景與存在的理由猶如北臺灣的民主國，條件卻遠遠不如，如何維持這樣一個政權確實棘手。劉永福一度被推舉為總統，但他拒絕了。他說：

務須相互協力，籌軍餉，為第一著要緊之事，蓋軍餉足用，士肥馬騰，日本雖然利害，吾豈懼哉……，諸軍如能移送印踴躍之心而籌餉，則自有所措置矣。——《劉永福歷史草》，羅香林

對劉永福的新政府而言，籌餉之迫切不亞於嚴辦防務。劉永福不得不要求人民「有銀幫銀，有錢幫錢，無錢幫米，無論多少均善。」連七月初成立的議院主要也是為了募款而存在。如此一來，有錢人和大財主很難不淪為頭號箭靶，為了逃避當局反覆徵斂，有辦法的人接連內渡，使得官方向富有之人募資的成效極為有限。

難題依舊在，而且愈來愈嚴重。一八九五年八月十日（農曆六月二十日），協助劉永福籌餉的吳質卿走進安平海關拜訪麥嘉林，希望他幫幫忙想想辦法。

二十日派員四出籌餉，余至議院，聞諸紳籌餉之法，眾人徒歎奈何。又至洋關稅務司麥嘉林處坐談。麥言外洋士担帋一事，此間何不仿行。余因詢士担帋乃郵政之信票，簡而易行，還

與劉公商之，公大喜，立刻概行。數日問，即賣洋五千餘元。——《臺灣戰爭日記》，吳質卿

根據《臺灣戰爭日記》，吳質卿七月二十八日從廈門搭上爹利士號——兩個多月後劉永福也搭上這艘船逃回中國——隔天一早在臺南上岸，當天就見了劉永福。劉永福缺錢缺人，二話不說馬上延請吳質卿為幕僚。八月八日到九日那一晚，吳質卿整夜沒睡，因為劉永福去找他商量籌錢大計，天亮才離開。八月十日，吳質卿去議院看看議員仕紳有什麼妙計，不料只聽嘆聲四起，後來他走進安平海關。

關於拜訪麥嘉林的經過，吳質卿並未留下更詳細的記錄。麥嘉林在什麼情況下基於何種考量提議發行郵票，無從知悉，只知吳質卿當天帶回麥嘉林的建議，而劉永福決定照辦。

劉永福埋怨銀兩短缺，士兵士氣低落。臺灣當地人民的捐獻非常有限，劉永福可以徵集的稅收不過伍萬兩銀圓，僅足夠軍事運用至八月中旬[13]。劉永福急於解決軍餉短缺，無論什麼方法都願意放手一試，幾乎到了飢不擇食的地步。他毫不猶豫接受麥嘉林的建議，在需求孔急的情況下並不令人詫異。

兩枚郵戳的暗示

獨虎票採用小圓和大圓兩種郵戳，都是英文字樣。為什麼不是中文郵戳？有人解釋，獨虎票供島外郵件使用，整個郵政服務又讓海關的外國人來主導，所以使用英文郵戳。

獨虎票是否用在臺灣本島郵件，至今尚無直接證據，雖然留存不少從臺灣寄到大陸的實寄封，但島內的實寄封卻非常罕見，至今僅出現一張寄到「府城」的中式島內實寄封，貼五十錢郵票，無收信人地址，是否真品值得懷疑。

為什麼島內實寄封只有少數遺留？很可能獨虎票本來就用於國外郵件。但根據禮密臣的報導，這種說法不完全正確（參閱附錄六）。另一種可能是當時臺灣人民沒有集郵的習慣，尤其正值兵荒馬亂，因此沒有實寄封留下來。當年也有不少外國人留在臺灣，他們一定有島內外的信件往返，應該有島內的實寄封留下來才是。

另外一說指稱島內不需官方郵政服務，因為距離不遠經人手傳即可。然而戰時政府需要龐大

用來為獨虎票銷印的小圓郵戳與大圓郵戳，都是英文字樣。

經費，當局曾下令所有郵件必須貼上郵票，郵件不太可能不貼郵票而請人代轉。

一八九二年，安平海關主管頭等幫辦孟國美（P. H. S. Montgomery）向總稅務司提交〈一八八二～一八九一年臺灣臺南海關十年報告書〉，這篇報告的內容包羅萬象，其中載有當時臺南城有五家郵政代辦所（民信局）收送大陸信件[14]。在這些私人郵局裡，使用民信局郵戳的獨虎票極其稀有，臺灣收藏家藏有幾枚第I版三十錢綠色獨虎票，其上罕見的中文郵戳是民信局「全泰成」的橢圓形戳記，文獻上也報告過一張中文銷印郵資不詳的實寄封[15]，不過這些蓋有中文郵戳的郵票用於島內或島外不詳。

如果獨虎票只用於島外郵件，也就是說島內當時不使用獨虎票，那麼一般人貼什麼郵票？臺灣民主國之前臺灣有三種郵票，包括木印大方塊站票（郵政商票），文獻上留下幾則臺灣民主國以前的大方塊站票在臺灣民主國期間繼續使用的記錄，郵戳日期都在臺灣民主國期間[16]。禮密臣曾說，戰爭中村與村之間的信件交流仍然存在（參見附錄八、九），卻少有記錄。

總之，獨虎票被當成郵票在臺灣島內使用的數量確實有限，但是否獨虎票只為島外郵件提供服務，連帶地郵戳也設計成英文字樣，仍值得探究。

郵資貢獻杯水車薪

據連橫記載，戰前臺灣有士兵兩萬人，每月支出白銀十二、三萬兩，一年就要一百萬兩，臺灣光靠稅收應付不來，年年向福建省求援八十萬兩。一八九五年正值戰爭期間，需求必然暴增。麥嘉林承認郵票絕大部分用來增加劉永福的國庫收入。禮密臣則記載，有一些集郵狂被利用

獨虎票上罕見的民信局郵戳，兩者合唯一橢圓形，，有「臺灣」及「臺南」字樣。

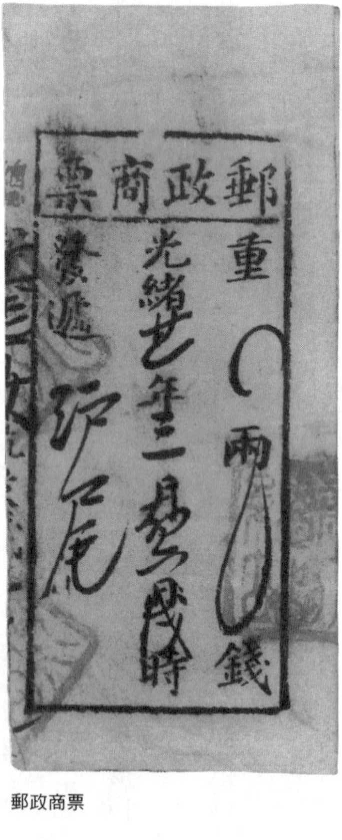

郵政商票

來徵款，但他又說郵票的發行絕非為了滿足世界各地狂熱的集郵者（參閱附錄六），甚至指出劉永福強迫老百姓使用臺灣民主國郵票。

根據郵票面值，日本知名集郵家大柴峰吉估計劉永福可以收到四千六百兩，離實際需要可謂杯水車薪。這是依面值計算的概值，若實際售價超出面值多倍，收入也會增加好幾倍。

增加國家收入的確是獨虎票問世的主因，卻不是唯一的目的。

臺灣民主國抗日戰爭期間，政府總共發行了三次債券，分別在一八九五年七月八日、七月二十一日與八月五日，此外在七月三十一日與八月九日，政府也發行了官銀票，發行總金額相當於白銀八十萬兩[17]。這些公債銀票都在獨虎票之前發行。直到臺灣民主國末期，政府發行了一次公債。

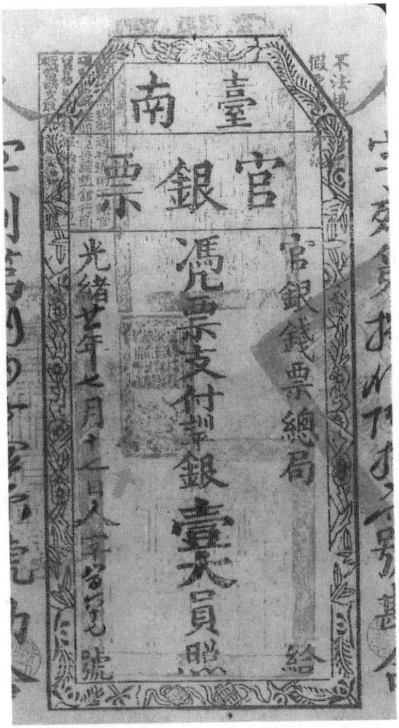

臺南官銀票壹大圓

獨虎票雖然貢獻了五千餘銀圓，比起實際所需卻少得不成比例，稱不上籌餉利器，而公債一再上市，似乎也間接說明獨虎票不是只為了募集銀兩。

逃亡稅收據？

值得注意的是獨虎票的「士担帋」字樣。「士担」是 stamp 的音譯，而「士担帋」是 stamp paper 的音譯，「帋」則是「紙」的異體字。

根據中國集郵名家陳志川的說法，這三個字意指廣義的「郵票（stamps）」。stamps 有多重用途，可以用做稅收存根，或是當收訖存根，甚至可以做為通行證，表示某種稅捐已付。殘存的獨虎票之中有些蓋有不尋常的半圓形郵戳，另一半不見，極可能蓋在其他文件上，如個人證件或收據。

戰爭初期，很多臺灣人民，尤其是有錢人，紛紛逃往中國大陸。政府趁機增加一項匪夷所思的「逃亡稅」，根據個人經濟能力課徵二至六個銀兩[18]（參見附錄六、八、九），可以說是針對逃離臺灣者的經濟懲罰。不過逃離臺灣的現象到臺灣民主國後期才變本加厲，即使獨虎票有這項用途，也是到了臺灣民主國後期才比較廣泛，而在此之前獨虎票早已問世。

因此，為了課徵「逃亡稅」而發行獨虎票的說法似乎也難以成立。

國安情資工具？

一八九五年十一月二十三日，禮密臣在《香港日報》指出：

看起來劉將軍好像有理由懷疑有些人會透過當地郵局來傳送訊息，為了有藉口制止這種情況，他下令任何信件除非貼上政府即將發行的郵票，否則不得送出臺灣，而且所有信件在上

不尋常的半圓形郵戳

半圓形銷印示意圖。消失的另一部分銷印可能留在其他文件。

船運往大陸之前必須經過海關檢查。有人說他的確因此發現了一、二件背叛者的通信。

背叛者的通訊或間諜的資料經大陸轉送出國，在當時是可能的。戰爭末期，英國領事胡力穡有意擔任戰爭調解人，這個訊息便從臺南經廈門傳到臺灣北部的日本軍隊，這種間接式的訊息傳遞在當時似乎相當可行。據說有七名充當日本間諜的中國人因此遭到逮捕，他們企圖從安平經廈門送信，這七個人後來都被砍了頭，其中兩個被指為日本間諜[19]，政府在這些人身上找到日本人的信件和臺南地圖。

如此看來，國家安全似乎也可藉著強迫使用特定郵票而得到保障。

甩不開的洋味

獨虎票一開始就有很強烈的外國氣息，不僅整個郵政系統由一個外國人（麥嘉林）提議，實際的經營也交由外國人主導的安平海關來執行（儘管由海關兼管本來就是滿清郵政的特色），因此外國人真正的意圖常常遭到質疑。

臺灣民主國覆亡前兩星期，一八九五年十月十日，前文提到的英國人E透露外國財團正在出售獨虎票。一八九六年一月號的《澳洲集郵》記載，三千五百套第一版與六千五百套第二版為財團所擁有，獨虎票因此被認為外國色彩過高。

意圖可疑的索求

禮密臣曾說他對獨虎票沒有興趣，但據稱日本人佔領臺南之際，禮密臣獲得大量郵票。此外，《臺灣戰爭日記》一書提及英國駐臺南領事胡力穡的來信，這是一封有趣的私人信函：

> 七月初旬，駐臺英領事胡力穡致桐林（即吳質卿）書，有「國主傾慕公威，欲乞公小影並臺灣旗式及士担紙銀票等件寄去，以申景仰」云云。

胡力穡在信中表示上司相當敬佩劉將軍英勇，希望收到劉將軍的照片、臺灣民主國國旗、郵票以及紙幣等。胡力穡真正的意圖也許是取得這些即將變成珍貴紀念物的臺灣民主國相關物品，目的可能是個人收藏，也可能送給他在中國的上司，英國駐北京公使歐維訥（Nicholas R. O'Conor）。

邪惡陰謀論

獨虎票一發行，西方集郵家就表現出高度的興趣，英國人E曾埋怨當時他在臺灣應該很容易買到郵票，不料銷售一空。一八九五年十一月十六日，麥嘉林在《香港日報》的短訊中特別提到只有少數第一版郵票落到集郵家手上，麥嘉林藉此表示關切，或許可以看成他對郵票感到某種興趣。

禮密臣也曾說獨虎票並非為了滿足集郵者的需求而發行，雖然滿足集郵家的好奇心可能也是發行的原因之一。即使如此，在戰爭動亂期間為了滿足外國集郵家的好奇心而印行郵票，無論如何都令人感到不可思議。

究竟麥嘉林是否企圖為集郵家創造一個絕佳的機會，以致整起事件一開始就是一個陰謀？過了一百多年，這已是不解之謎了。

唯一可以確定的是，發行獨虎票的原始動機是籌募糧餉。所謂的郵票（stamp）應該是「郵票紙」（stamp paper），根據《韋氏字典》（*Webster's Dictionary*），其廣義的定義是「一種印章，表示政府對人民某種行為的認可，或者表示人民已付了某種稅，或者是表示特別的價錢，證明某種費用已經繳付、已經收到了。」（a seal, or a mark, to show official approval that some services have been performed, a tax has been paid, to represent specific price, as an evidence or receipt that a prescribed fee has been paid.）。獨虎票幾乎完全符合以上所定義的各種目的。

獨虎票毫無疑問被當成郵票使用，但其他用途可能更頻繁，包括籌募更多的款項以供軍隊使用。當年發行郵票的原始動機與想法，在一百多年後的今天看來實在難以理解；同樣地，把獨虎票的發行解釋成為了國家安全或為了檢查信件也屬勉強，更可能的原因或許是強迫人民支付郵資。

外國集郵家鍾愛獨虎票，使得獨虎票在郵史上的地位產生某種程度的改變，經年累月下來，獨虎票發行的真正目的想必也受到掩蓋而有所變化。

文獻裡的獨虎票

有關獨虎票的早期文獻寥寥無幾，而且內容時有錯謬。基隆知名集郵家蔡英清先生曾多方研究，發表一系列相關文獻的文章[20]，可惜其中不少文章未詳細註明其引用內容的來源。

二手資料彌足珍貴

獨虎票於一八九五年問世，當時臺灣不流行集郵，與獨虎票相關的民間論述十分罕見。至於官方文獻，禮密臣於一八九五年十一月二十三日《香港日報》投稿指出，官方曾謹慎正確地記錄了這一段郵史，但從來沒有人見過他提及的資料。所幸現在還可以找到某些臺灣民主國期間及覆亡之初出自外國人手筆的二手資料。雖然西方人不熟悉中國文字，難免有誤，但這些文獻仍提供了重要的訊息。

以下文獻呈現的順序主要依據文獻的重要性，其次才是問世的先後。

禮密臣和他的文章

日本控制臺灣後不久，禮密臣獲命美國駐臺領事。他曾擔任美國報社的戰地記者，也是臺灣早期商業情形的權威，還寫了不少有關獨虎票的文章（附錄六、七），編印郵摺（附錄八、九）。

當然，還有一九〇三年的《臺灣島》，雖然與臺灣民主國郵政及郵票相關的描述只佔兩頁，且內容與他在一八九五年十一月二十三日《香港日報》發表的報導幾乎一模一樣，沒有特別的記載。事隔數年他再度申明獨虎票的郵政用途，諷刺的是，禮密臣收錄在書中的獨虎票竟然是一枚偽票[21]，即著名的「一百錢米老鼠偽票」，這意味著禮密臣對獨虎票或許不那麼熟悉。

禮密臣在《臺灣島》一書二八〇頁後的圖版收錄了一枚獨虎票，令人意外地，那是著名的「米老鼠偽票」，而非真票。

儘管如此，在早期描寫獨虎票的作者中，禮密臣是最重要的一個。滯臺期間，尤其臺灣民主國結束後不久，禮密臣陸續發表關於獨虎票的文章，重覆之處雖多，但仍保留了不少重要資料，值得探究。

一八九五年十月三十日，《香港日報》第二版

一九二五年，日本名集郵家大柴峰吉在日本郵學雜誌《郵樂》連續發表七篇文章，報導禮密臣關於獨虎票的著作，可惜大柴犯了嚴重的錯誤。

大柴在這一系列報導的第一篇指出，禮密臣的文章刊登於一八九五年十月三日的《香港日報》，但實際上是十月三十日（後來大柴在系列文章的第三、四篇把十月三日改成十月三十日），而不少集郵家竟仍以錯誤的訊息來推算獨虎票的發行日。

一八九五年十月三日的《香港日報》確實刊出一篇關於臺灣民主國的報導，九月二十一日從安平發出，題名「南臺灣情況」，作者不詳，僅署名「我們的通訊員」，並無禮密臣的姓名。當時禮密臣仍與日本軍隊滯留在臺灣北部，所以十月三日那篇文章不可能由禮密臣從安平寄出，更重要的是這篇文章並未提及任何關於郵票的訊息。

一八九五年十月三十日，《香港日報》第二版刊出禮密臣的長文，這篇報導十月十日從澎湖發出，標題是〈日本人在南臺灣〉（*The Japanese in South Formosa*），文中記述日本總督樺山資紀

與劉將軍的書信往返，通篇沒有類似大柴引用的字句。同一版還有另一篇禮密臣的通訊，緊接在〈日本人在南臺灣〉之後，這是十月二十五日從安平發出的報導（全文如附錄六），當時臺灣民主國已覆亡四天。該文第七段大約有兩、三百字關於獨虎票的描述：

> 此刻眾多的集郵狂正被利用來籌款。政府宣布將在廈門、汕頭及香港設立郵政服務處，遞送那些貼了民主國郵票的郵件。為此政府發行了兩版郵票，第一版是用當地的銀鑄版模印在很薄的衛生紙上，沒有齒孔。這版郵票大約印了五千套，顏色是綠、紫、紅。版模隨後遭到熔毀，當局並嘗試製造更好的版模。失敗之後，版模便從廣東取得，而以此廣東版印製第二版郵票。這些郵票的顏色是藍、紫、紅三種，有齒孔。這兩版郵票的面值均為三、五、十分。值得一提的是，這些郵票應該隨著民主國的滅亡而停止發行，因此大家必須十分小心偽票。由於需求，這些偽票，尤其是第一版，已經開始出現在市面上了。劉永福下令所有當地郵局經手的中國郵件都必須貼上這些郵票，並接受檢查，以確保此項政策切實執行。

關於這篇文章，有幾點必須注意：

一、郵票用來協助籌集軍餉。

二、第一版（即第I版）的版模在當地製造，材質為銀，不久即遭熔毀，雖然嘗試製作更好的第二版，可是失敗了，因此新版來自廣東。
三、第一版印製五千套，這個數字是錯誤的。
四、郵票面值與色彩錯誤：三分綠色，五分紫色，十分紅色，實際上五分為紅色，十分為紫色。
五、禮密臣警告偽票已經出現，臺灣民主國才結束四天就出現偽票，快得不可思議。
六、這一篇文章促使麥嘉林在半個月後投書回應，刊登於一八九五年十一月十六日《香港日報》第二版。在所有文獻中，麥嘉林這一篇短文最接近可信的「官方紀錄」。

香港版郵摺．西貢版郵摺

不久，禮密臣那篇刊登於十月三十日《香港日報》的文章由報社編製成郵摺，前頁節錄自該文的段落，除了第一句，其餘內容全出現在香港版郵摺，包括所有的錯誤。

由此可知香港版郵摺的編印時間應在十月三十日之後，麥嘉林十一月十六日的正確資料出現之前，此時臺灣民主國覆亡大約才半個月，郵摺內頁貼有一套臺灣民主國郵戳銷印的第II版獨虎

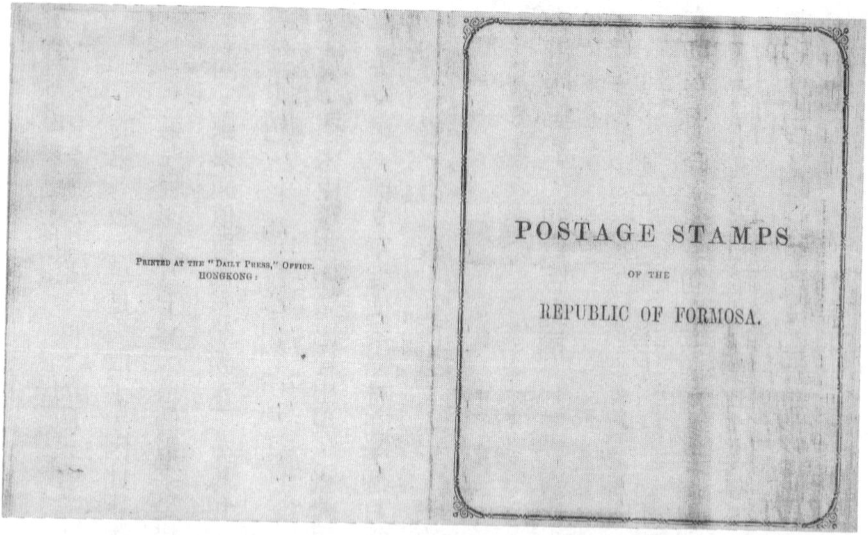

PRINTED AT THE "DAILY PRESS," OFFICE.
HONGKONG:

POSTAGE STAMPS

OF THE

REPUBLIC OF FORMOSA.

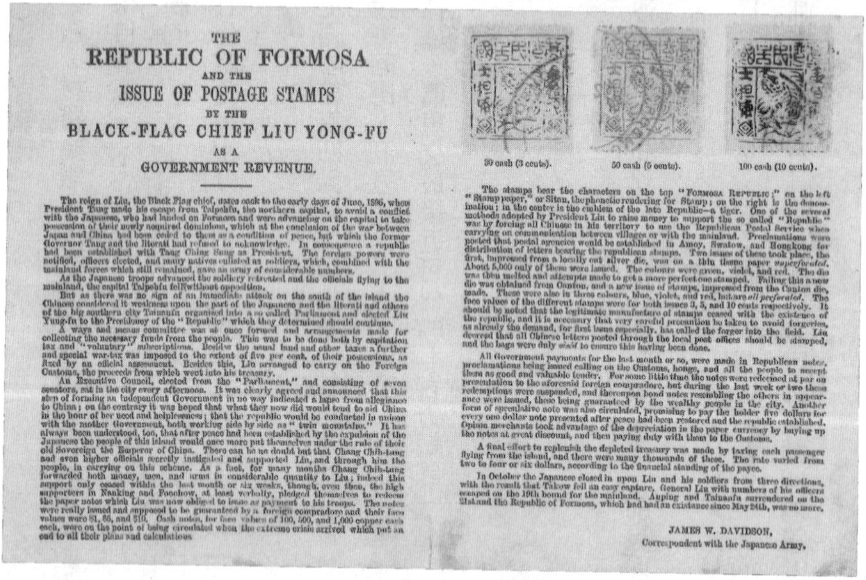

THE

REPUBLIC OF FORMOSA

AND THE

ISSUE OF POSTAGE STAMPS

BY THE

BLACK-FLAG CHIEF LIU YONG-FU

AS A

GOVERNMENT REVENUE.

The reign of Liu, the Black Flag chief, dates back to the early days of June, 1896, when President Tang made his escape from Taipehfu, the northern capital, to avoid a conflict with the Japanese, who had landed on Formosa and were advancing on the capital to take possession of their newly acquired dominions, which at the conclusion of the war between Japan and China had been ceded to them as a condition of peace, but which the former Governor Tang and the literati had refused to acknowledge. In consequence a republic had been established with Tang Ching Sung as President. The foreign powers were notified, officers elected, and many natives enlisted as soldiers, which, combined with the mainland forces which still remained, gave an army of considerable numbers.

As the Japanese troops advanced the soldiery retreated and the officials flying to the mainland, the capital Taipehfu fell without opposition.

But as there was no sign of an immediate attack on the south of the island the Chinese considered it weakness upon the part of the Japanese and the literati and others of the big southern city Tainanfu organized into a so called Parliament and elected Liu Yung-fu to the Presidency of the "Republic" which they determined should continue.

A ways and means committee was at once formed and arrangements made for collecting the necessary funds from the people. This was to be done both by capitation tax and "voluntary" subscriptions. Beside the usual land and other taxes a further and special war-tax was imposed to the extent of five per cent. of their possessions, as fixed by an official assessment. Besides this, Liu arranged to carry on the Foreign Customs, the proceeds from which went into his treasury.

An Executive Council, elected from the "Parliament," and consisting of seven senators, sat in the city every afternoon. It was clearly agreed and announced that this step of forming an independent Government in no way indicated a lapse from allegiance to China; on the contrary it was hoped that what they now did would tend to aid China in the hour of her need and helplessness; that the republic would be conducted in unison with the mother Government, both working side by side as "twin mountains." It has always been understood, too, that after peace had been established by the expulsion of the Japanese the people of this island would once more put themselves under the rule of their old Sovereign the Emperor of China. There can be no doubt but that Chang Chih-tung and even higher officials secretly instigated and supported Liu, and through him the people, in carrying on this scheme. As a fact, for many months Chang Chih-tung forwarded both money, men, and arms in considerable quantity to Liu; indeed this support only ceased within the last month or six weeks, though, even then, the high supporters in Nanking and Foochow, at least verbally, pledged themselves to redeem the paper notes which Liu was now obliged to issue as payment to his troops. The notes were really issued and supposed to be guaranteed by a foreign compradore and their face values were $1, $5, and $10. Cash notes, for face values of 100, 500, and 1,000 copper cash each, were on the point of being circulated when the extreme crisis arrived which put an end to all their plans and calculations.

30 cash (3 cents). 50 cash (5 cents). 100 cash (10 cents).

The stamps bear the characters on the top "FORMOSA REPUBLIC;" on the left "Stamp paper," or Sitan, the phonetic rendering for *Stamp*; on the right is the denomination; in the center is the emblem of the late Republic—a tiger. One of the several methods adopted by President Liu to raise money to support the so called "Republic" was by forcing all Chinese in his territory to use the Republican Postal Service when carrying on communication between villages or with the mainland. Proclamations were posted that postal agencies would be established in Amoy, Swatow, and Hongkong for distribution of letters bearing the republican stamps. Two issues of these took place, the first, impressed from a locally cut silver die, was on a thin tissue paper *unperforated*. About 5,000 only of these were issued. The colours were green, violet, and red. The die was then melted and attempts made to get a more perfect one stamped. Failing this a new die was obtained from Canton, and a new issue of stamps, impressed from the Canton die, made. These were also in three colours, blue, violet, and red, but are *all perforated*. The face values of the different stamps were for both issues 3, 5, and 10 cents respectively. It should be noted that the legitimate manufacture of stamps ceased with the existence of the republic, and it is necessary that very careful precaution be taken to avoid forgeries, as already the demand, for first issue especially, has called the forger into the field. Liu decreed that all Chinese letters posted through the local post offices should be stamped, and the bags were duly *seal* to ensure this having been done.

All Government payments for the last month or so, were made in Republican notes, proclamations being issued calling on the Customs, hongs, and all the people to accept them as good and valuable tender. For some little time the notes were redeemed at par on presentation to the aforesaid foreign compradore, but during the last week or two these redemptions were suspended, and thereupon bond notes resembling the others in appearance were issued, these being guaranteed by the wealthy people in the city. Another form of speculative note was also circulated, promising to pay the holder five dollars for every one dollar note presented after peace had been restored and the republic established. Opium merchants took advantage of the depreciation in the paper currency by buying up the notes at great discount, and then paying duty with them to the Customs.

A final effort to replenish the depleted treasury was made by taxing each passenger flying from the island, and there were many thousands of these. The rate varied from two to four or six dollars, according to the financial standing of the payee.

In October the Japanese closed in upon Liu and his soldiers from three directions, with the result that Takow fell an easy capture. General Liu with numbers of his officers escaped on the 19th bound for the mainland. Anping and Tainanfu surrendered on the 21st and the Republic of Formosa, which had had an existance since May 24th, was no more.

JAMES W. DAVIDSON,
Correspondent with the Japanese Army.

禮密臣的香港版獨虎票郵摺應該編印於一八九五年十月三十日至十一月十六日之間，以「日軍隨軍記者」的身分署名。

票，紀念意味濃厚。

根據德國《柯爾集郵手冊》（*kohl's Briefmarking Handbuch*），越南西貢的杜魯凱瑞公司（Druckerei, Cloude &Co.）在香港版郵摺之前即出版類似的小冊。該手冊是唯一提及西貢版郵摺的文獻，據說西貢版與香港版一模一樣，都沒有記載麥嘉林十一月十六日在《香港日報》提出的澄清。

由於香港版郵摺由《香港日報》發行，因此西貢版不太可能早於香港版，但應在一八九五年十一月十六日之前。

一八九五年十一月十六日，《香港日報》第二版

關於臺灣民主國的郵政和郵票，麥嘉林只在《香港日報》留下一則簡短的通訊，似乎是為了回應禮密臣十月三十日的報導，寥寥數百字，卻是至今僅見最接近官方紀錄的獨虎票文獻：

日報編者先生：

關於禮密臣先生在十月三十日於貴刊提到有關臺灣民主國郵票一事，集郵家或許希望進一步

知道以下的訊息。由於紫色顏料在當地已經用罄，所以半數的一百錢郵票是用黑色顏料印製的。臨時版（原文作 the provisional issue，李明亮將其解作麥嘉林下文提到的「第一版」）以及第二版（即李明亮定義的第Ⅲ版），尤其是前者，都曾被當作真正的郵票來使用，這是無庸置疑的。第一版（即李氏定義的第Ⅰ版）僅有少數賣到集郵家手上，雖然很多第二版是為了增加劉將軍的財源而印行。貴刊讀者可能樂於知道在九個星期當中，有九二五六封信件用了第一版（原文作 the provisional issue）郵票，由臺灣寄到大陸。這些郵票面值各異，但面值三十錢的用得最多。在五個星期當中，也有八千封信用了第二版郵票。在第二版發行之後，郵政局仍舊使用第一版郵票。

麥嘉林

臺南府，一八九五年十一月十日

這封信的真實性與權威性不容懷疑，但有幾點可追加說明：

一、麥嘉林提到第一版郵票是臨時性的，可見原無計畫長久使用。

二、第一版與「第二版」，尤其是第一版，的確被當成郵票使用過，「第二版」曾經用於郵票之外的用途也可由此得到證明，其目的顯然是為增加劉將軍政府的財源。

三、有九二五六封信件使用第一版郵票，而八千封用了「第二版」，必須注意的是麥嘉林使用的數字，前者精確，後者粗略。

四、第一版與「第二版」相隔四星期，如果從臺灣民主國覆亡之日（一八九五年十月二十一日）往前追溯九星期，則第一版於八月十九日左右發行，即八月中旬；而「第二版」（第Ⅲ版）晚於第一版（第Ⅰ版）四星期，大約在九月十六日，即九月中旬。

五、臺灣民主國時期，第一版與「第二版」郵票同時使用，大柴峰吉說「第二版」因第一版用完才印行，明顯是錯誤的論斷。

一八九五年十一月二十三日，《香港日報》第二版

大柴峰吉引用的文章其實是一八九五年十一月二十三日《香港日報》另一篇禮密臣的報導（全文如附錄七）。這篇文章的標題也是〈日本人在南臺灣〉，十一月十八日從臺南府發出，原文甚長，大柴引用的只是其中一部分。一個星期後上市的十二月號《香港郵刊》也選刊了這篇文章第十七段至第二十五段。

這則通訊有幾點值得注意：

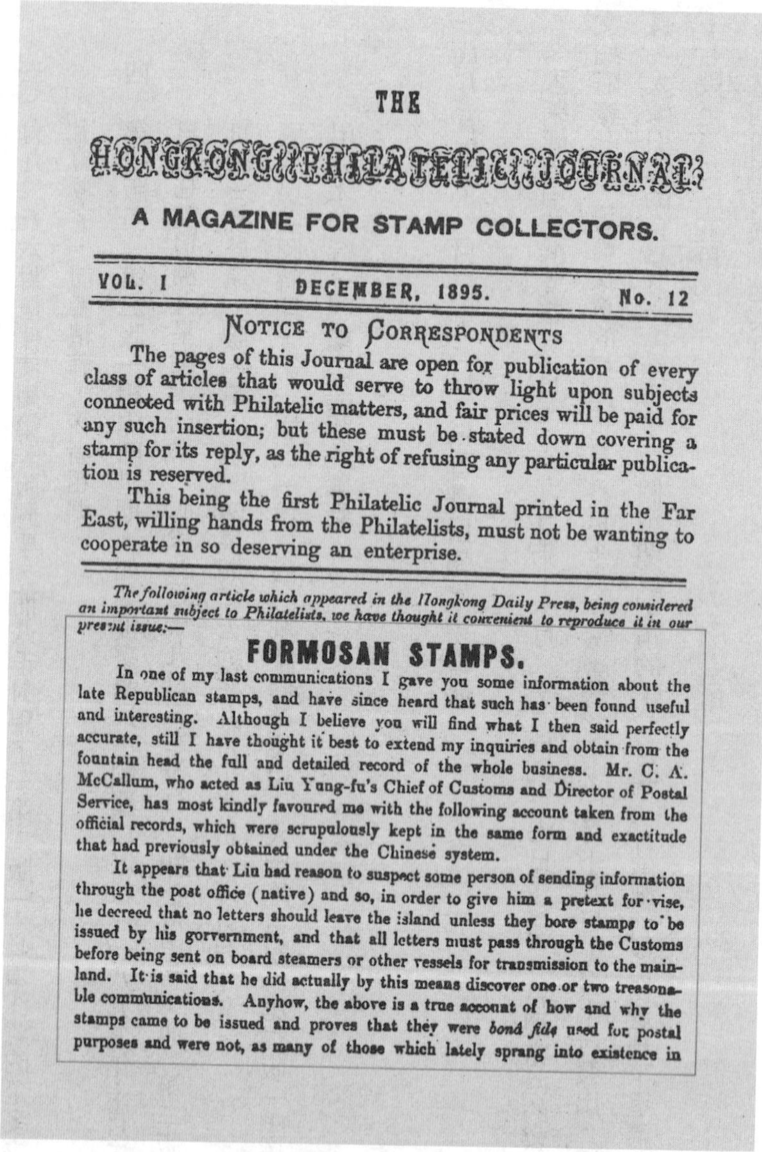

THE

HONGKONG PHILATELIC JOURNAL

A MAGAZINE FOR STAMP COLLECTORS.

VOL. I DECEMBER, 1895. No. 12

NOTICE TO CORRESPONDENTS

The pages of this Journal are open for publication of every class of articles that would serve to throw light upon subjects connected with Philatelic matters, and fair prices will be paid for any such insertion; but these must be stated down covering a stamp for its reply, as the right of refusing any particular publication is reserved.

This being the first Philatelic Journal printed in the Far East, willing hands from the Philatelists, must not be wanting to cooperate in so deserving an enterprise.

The following article which appeared in the Hongkong Daily Press, being considered an important subject to Philatelists, we have thought it convenient to reproduce it in our present issue:—

FORMOSAN STAMPS.

In one of my last communications I gave you some information about the late Republican stamps, and have since heard that such has been found useful and interesting. Although I believe you will find what I then said perfectly accurate, still I have thought it best to extend my inquiries and obtain from the fountain head the full and detailed record of the whole business. Mr. C. A. McCallum, who acted as Liu Yung-fu's Chief of Customs and Director of Postal Service, has most kindly favoured me with the following account taken from the official records, which were scrupulously kept in the same form and exactitude that had previously obtained under the Chinese system.

It appears that Liu had reason to suspect some person of sending information through the post office (native) and so, in order to give him a pretext for vise, he decreed that no letters should leave the island unless they bore stamps to be issued by his gorvernment, and that all letters must pass through the Customs before being sent on board steamers or other vessels for transmission to the mainland. It is said that he did actually by this means discover one or two treasonable communications. Anyhow, the above is a true account of how and why the stamps came to be issued and proves that they were *bonâ fide* used for postal purposes and were not, as many of those which lately sprang into existence in

一八九五年十一月二十三日，《香港日報》第二版刊登了一篇禮密臣的報導。幾天後，十二月號《香港郵刊》就轉載了其中關於獨虎票的描述。

一、禮密臣提到麥嘉林曾提供正確且詳細的官方資料，因此修正前次的錯誤報導，包括郵票的顏色。
二、第一版約發行七、八千套。
三、第一版三十錢綠色郵票多用於郵政。
四、這篇文章記載使用獨虎票的郵件數量。
五、禮密臣說「第二版」使用不同的郵戳，這是禮密臣的另一個錯誤。
六、紫色顏料用罄，半數一百錢郵票因此改用黑色顏料，正確地說應該是深藍或黑藍。
七、提到郵票銷售，禮密臣表示他對獨虎票並不特別喜愛，除了個人收集幾套，對於郵票的將來沒有任何興趣。然而文獻記載卻非如此，「日本人行竊郵局，而禮密臣毫無疑問拿到大部分的搶竊物……」[22]禮密臣的收藏後來轉手給著名的集郵家賓斯船長，後又傳出再度轉賣[23]。總之，禮密臣自述對獨虎票沒有興趣是值得懷疑的。

禮密臣以「與日本軍隊同行的我方通訊員」的名義，從一八九五年九月起在《香港日報》發表一連串與臺灣民主國相關的報導。同年十月二十一日，日軍進入臺南府，臺灣民主國告終；幾天後，禮密臣抵達臺南和安平。

禮密臣在安平至少停留到十一月四日，十一月十八日前後回到臺北府[24]。他繼續在《香港日報》發表文章，其中關於臺灣局勢最晚的一篇於一八九六年二月二十日從臺北寄出，二月二十八日刊出，題名「臺灣」（*Formosa*）。

禮密臣下一篇刊登於《香港日報》的文章寄自東京，發稿日為一八九六年四月十二日，四月二十二日見報，題名《臺灣樟腦貿易之限制》，內容已無關臺灣民主國。

神戶版郵摺

禮密臣停留日本期間，《神戶日報》也印了一本郵摺，即神戶版郵摺，其中第I、II版郵票同時出現，值得注意的是，稀有的第II版反而比第I版更多。

神戶版郵摺的內容與禮密臣一八九五年十一月二十三日《香港日報》上的文章大同小異，那些在香港版郵摺出現的錯誤也已改正，可惜發行日不詳。

根據蘭恩的記載，一個名叫福克斯威爾（E. Foxwell）的人於一八九六年三月七日從日本東京大都會旅館（Hotel Metropole）寄出一封信，隨信附有禮密臣的神戶版郵摺[25]。根據蘭恩的描述以及直到二月二十日禮密臣仍滯留日本此一事實，可推斷神戶版郵摺問世的時間可能介於

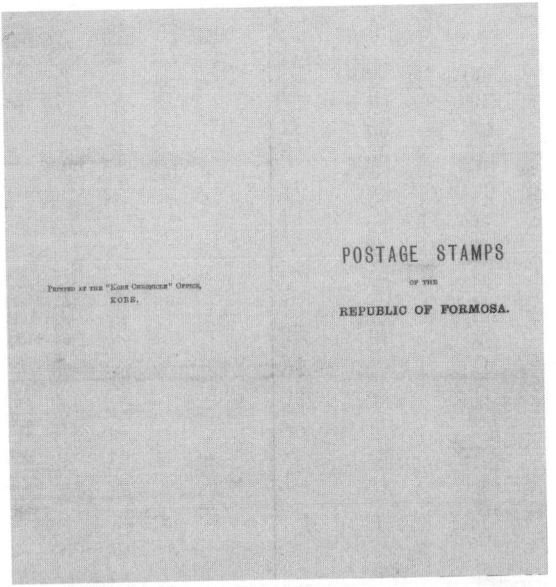

PRINTED AT THE "KOBE CHRONICLE" OFFICE,
KOBE.

POSTAGE STAMPS
OF THE
REPUBLIC OF FORMOSA.

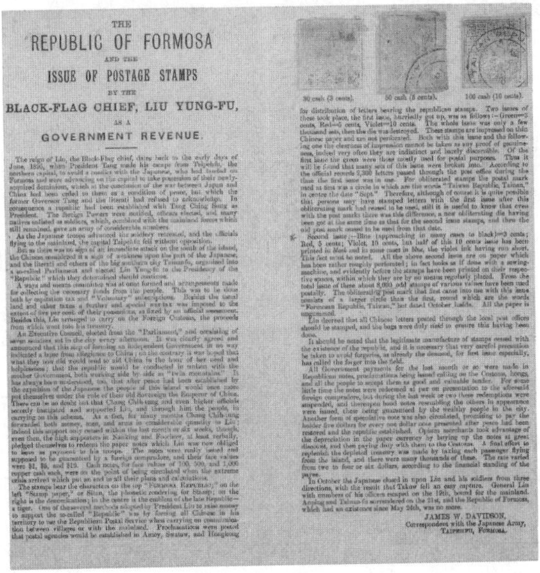

THE
REPUBLIC OF FORMOSA
AND THE
ISSUE OF POSTAGE STAMPS
BY THE
BLACK-FLAG CHIEF, LIU YUNG-FU,
AS A
GOVERNMENT REVENUE.

The reign of Liu, the Black-Flag chief, dates back to the early days of June, 1895, when President Tang made his escape from Taipehfu, the northern capital, to avoid a conflict with the Japanese, who had landed on Formosa and were advancing on the capital to take possession of their newly-acquired dominions, which at the conclusion of the war between Japan and China had been ceded to them as a condition of peace, but which the former Governor Tang and the literati had refused to acknowledge. In consequence a republic had been established with Tang Ching Sung as President. The foreign Powers were notified, officers elected, and many natives enlisted as soldiers, which, combined with the mainland forces which still remained, gave an army of considerable numbers.

As the Japanese troops advanced the soldiery retreated, and the officials flying to the mainland, the capital Taipehfu fell without opposition.

But as there was no sign of an immediate attack on the south of the island, the Chinese considered it a sign of weakness upon the part of the Japanese, and the literati and others of the big southern city Tainanfu, organised into a so-called Parliament and elected Liu Yung-fu to the Presidency of the "Republic" which they determined should continue.

A ways and means committee was at once formed and arrangements made for collecting the necessary funds from the people. This was to be done both by capitation tax and "Voluntary" subscriptions. Besides the usual land and other taxes a further and special war-tax was imposed to the extent of five per cent. of their possessions, as fixed by an official assessment. Besides this, Liu arranged to carry on the Foreign Customs, the proceeds from which went into his treasury.

An Executive Council, elected from the "Parliament," and consisting of seven members, sat in the city every afternoon. It was clearly agreed and announced that this step of forming an independent Government in no way indicated a lapse from allegiance to China; on the contrary it was hoped that what they now did would tend to aid China in the hour of her need and helplessness; that the republic would be conducted in unison with the mother Government, both working side by side as "twin mountains." It has always been understood, too, that after peace had been established by the expulsion of the Japanese the people of this island would once more put themselves under the rule of their old Sovereign the Emperor of China. There can be no doubt but that Chang Chih-tung and even higher officials secretly instigated and supported Liu, and through him the people, in carrying on this scheme. As a fact, for many months Chang Chih-tung forwarded both money, men, and arms in considerable quantity to Liu; indeed this support only ceased within the last month or six weeks, though, even then, the high supporters in Nanking and Foochow, at least verbally, pledged themselves to redeem the paper notes which Liu was now obliged to issue as payment to his troops. The notes were really issued and supposed to be guaranteed by a foreign compradore, and their face values were $1, $5, and $10. Cash notes, for face values of 100, 500, and 1,000 copper cash each, were on the point of being circulated when the extreme crisis arrived which put an end to all their plans and calculations.

The stamps bear the characters on the top "FORMOSA REPUBLIC;" on the left "Stamp paper," or Situn, the phonetic rendering for Stamp; on the right is the denomination; in the centre is the emblem of the late Republic—a tiger. One of the several methods adopted by President Liu to raise money to support the so-called "Republic" was by forcing all Chinese in his territory to use the Republican Postal Service when carrying on communication between villages or with the mainland. Proclamations were posted that postal agencies would be established in Amoy, Swatow, and Hongkong

30 cash (3 cents). 50 cash (5 cents). 100 cash (10 cents).

for distribution of letters bearing the republican stamps. Two issues of these took place, the first issue, hurriedly got up, was as follows:—Green=3 cents, Red=5 cents, Violet=10 cents. The whole issue was only a few thousand sets, then the die was destroyed. These stamps are impressed on thin Chinese paper and are not perforated. Both with this issue and the following one the clearness of impression cannot be taken as any proof of genuineness, indeed very often they are indistinct and barely discernible. Of the first issue the green were those mostly used for postal purposes. Thus it will be found that many sets of this issue were broken into. According to the official records 2,300 letters passed through the post office during the time the first issue was in use. For obliterated stamps the postal mark used at first was a circle in which are the words "Taiwan Republic, Tainan," in centre the date "Sept." Therefore, although of course it is quite possible that persons may have stamped letters with the first issue after this obliterating mark had ceased to be used, still it is useful to know that even with the post marks there was this difference, a new obliterating die having been got at the same time as that for the second issue stamps, and then the old post mark ceased to be used from that date.

Second issue:—Blue (approaching in many cases to black)=3 cents; Red, 5 cents; Violet, 10 cents, but half of this 10 cents issue has been printed in *black* and in some cases in *blue*, the violet ink having run short. This fact must be noted. All the above second issue are on paper which has been rather roughly perforated; in fact looks as if done with a sewing-machine, and evidently before the stamps have been printed on their respective spaces, within which they are by no means regularly placed. From the total issue of these about 8,000 odd stamps of various values have been used postally. The obliterating post mark that first came into use with this issue consists of a larger circle than the first, round which are the words "Formosan Republic, Tainan," but dated October inside. All the paper is ungummed.

Liu decreed that all Chinese letters posted through the local post offices should be stamped, and the bags were duly [illegible] to ensure this having been done.

It should be noted that the legitimate manufacture of stamps ceased with the existence of the republic, and it is necessary that very careful precaution be taken to avoid forgeries, as already the demand, for first issue especially, has called the forger into the field.

All Government payments for the last month or so were made in Republican notes, proclamations being issued calling on the Customs, hongs, and all the people to accept them as good and valuable tender. For some little time the notes were redeemed at par on presentation to the aforesaid foreign compradore, but during the last week or two these redemptions were suspended, and thereupon bond notes resembling the others in appearance were issued, these being guaranteed by the wealthy people in the city. Another form of speculative note was also circulated, promising to pay the holder five dollars for every one dollar note presented after peace had been restored and the republic established. Opium merchants took advantage of the depreciation in the paper currency by buying up the notes at great discount, and then paying duty with them to the Customs. A final effort to replenish the depleted treasury was made by taxing each passenger flying from the island, and there were many thousands of these. The rate varied from two to four or six dollars, according to the financial standing of the payee.

In October the Japanese closed in upon Liu and his soldiers from three directions, with the result that Takow fell an easy capture. General Liu with numbers of his officers escaped on the 19th, bound for the mainland. Anping and Tainan-fu surrendered on the 21st, and the Republic of Formosa, which had an existence since May 24th, was no more.

JAMES W. DAVIDSON,
Correspondent with the Japanese Army,
TAIPEHFU, FORMOSA.

禮密臣的神戶版獨虎票郵摺

一八九六年二月二十日至三月七日之間。

香港版以及神戶版郵摺版面配置相同，但尺寸有異，前者二一．八×十三．九公分，後者二三．〇×二二．四公分。兩者內容相近，內頁右上端貼有真正的獨虎票，而且均警告世人偽票的存在，但細察之下還是發現相異處。香港版尺寸較小，內容也少些；兩者封面左上角的題名很像，但字體不一樣；香港版的「黑旗將軍」與「劉永福」之間沒有逗點，劉永福的「永」英譯拼法也不一樣。

一八九五年九月，《香港郵刊》（*Hong Kong Philatelic Journal*）

獨虎票確切的發行日期至今仍無定論，唯一可確定的是絕非一八九五年七月三十一日，因為最早的郵戳是八月十六日。

有關獨虎票最早的描敘出現於臺灣民主國時期的《香港郵刊》一八九五年九月號，那一期有一則很短的報導：

黑旗總統（甲午戰爭條約決定把臺灣割讓給日本，但拒絕割讓的中國軍隊內的一位共和

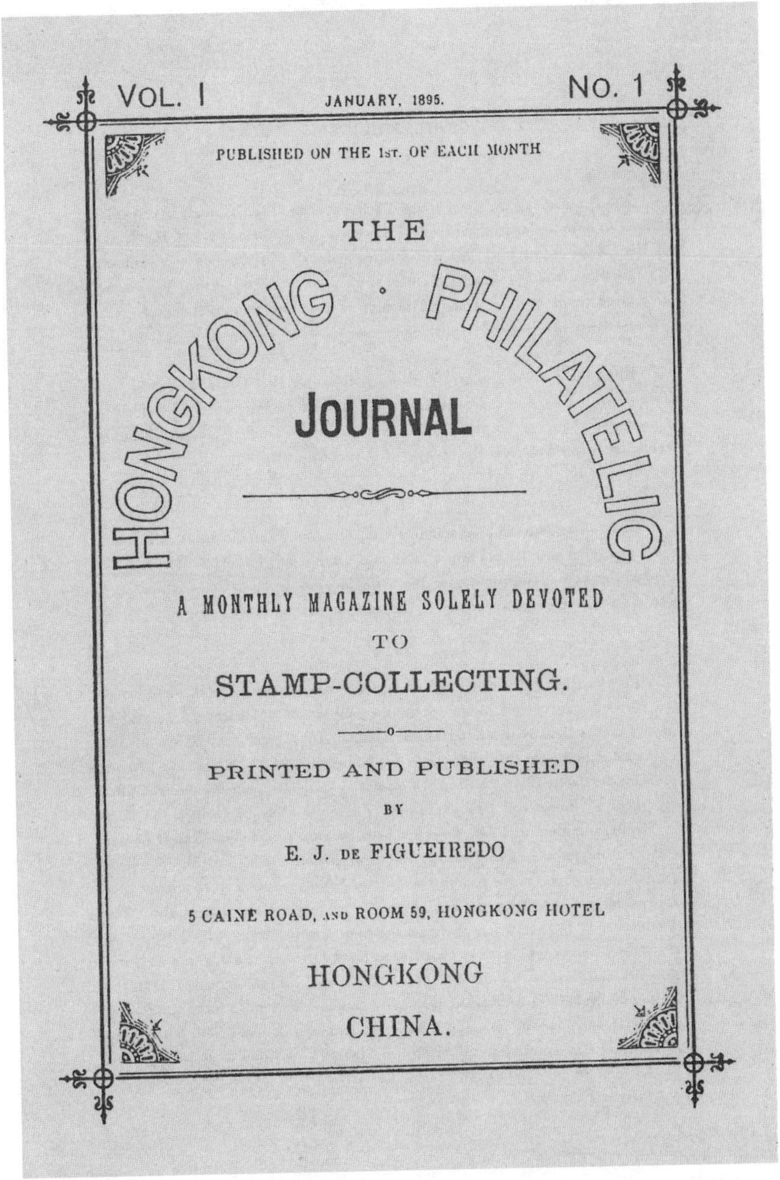

VOL. I JANUARY, 1895. NO. 1

PUBLISHED ON THE 1st. OF EACH MONTH

THE

HONGKONG · PHILATELIC

JOURNAL

A MONTHLY MAGAZINE SOLELY DEVOTED

TO

STAMP-COLLECTING.

PRINTED AND PUBLISHED

BY

E. J. de FIGUEIREDO

5 CAINE ROAD, and ROOM 59, HONGKONG HOTEL

HONGKONG

CHINA.

《香港郵刊》創刊於一八九五年元月，每月一日出刊。從一八九五年九月號起，《香港郵刊》開始報導「獨虎票」，李明亮曾以該期刊出刊日協助判斷獨虎票發行的日期。

162 THE HONGKONG PHILATELIC JOURNAL.

* * *

The President of the Black Flags (a Republican of the Chinese Army who refused to cede to Japan the island of Formosa which forms part of the treaty of the China–Japan war) has issued three stamps. They are on very common Chinese paper and the values are 30 cash, 50 cash, and 100 cash. We do not give much credit to these stamps although we have seen some postmarked.

* * *

From the *Indian Philatelist* we learn that the Post Office at Samoa had been destroyed by fire and that nearly all the stamps were burnt. The postmaster had therefore been compelled to use the one shilling stamp, the only value that was saved from the ravages of the conflagration.

* * *

The well-known and long standing firm of Messrs. THEODOR BUHL & Co. has been amalgated with the old firm of Messrs. PEMBERTON, WILSON & Co. and the business is now carried on under the style Messrs. BUHL & Co. Limited with Mr. EDWARD BUHL, as Secretary. We wish the firm the best success.

* * *

Re the Bruneï Stamps which was condemned by the S.S.S.S. our Shanghai correspondent writes to our paper the following. "Readers will be glad to have some particulars regarding these stamps. In a letter sent to me by the Postmaster he states that the stamps are bona-fide *postage and revenue* "(more probably the latter)" as stated in the stamps. In a letter however received from my agent in Kudat and Sandakan quite a different aspect is given to the story by his informing me that *Mr. Robertson head manager of the New Central Borneo Co. Ld. has got the right from the Sultan of Brunei to issue stamps. He paid I think about $3000 to the Sultan for this and has a concession of 15 years. The stamps are not issued, yet the whole affair is of course a speculative one.* The Postmaster at Labuan writes to me on the subject as follows: "*With regard to the Brunei stamps which you are anxious to learn something about, I can only say they are quite useless outside the Brunei Territory.*" I am informed that the Sultan of Brunei has been asked permission to allow his stamps to be recognized in this Colony, but up to date I have not seen any in use. The letter I received from Brunei was franked by Brunei Stamps to pay the local postage and by Labuan Stamps to pay the Union Postal Rate."

《香港郵刊》是最早報導獨虎票的媒體，對獨虎票持質疑的態度。

國人士）印發了一套三枚的郵票，這些郵票使用的是當地（中國）很常見的紙張，面值三十、五十、及一百錢。雖然我們看過其中一些有郵戳，可是我們不認為這些郵票有很大的信譽。

第一版（第Ⅰ版）使用所謂的「當地的薄紙」，被形容為常見的中國紙張，意味郵票用紙為當地製造，與第Ⅱ、Ⅲ、Ⅳ版不同。值得注意的是，這篇短文只提到第一版，表示「第二版」（第Ⅲ版）郵票在這一期雜誌上市前尚未發行。《香港郵刊》每月一日出版，九月號即九月一日上市。

十月一日出版的《香港郵刊》有以下記載：

上一期我們提到臺灣民主國發行的一套郵票，現在黑旗將軍又發行了第二套。這套郵票使用的是品質較佳的紙張，且事先打上齒孔，面值如前版。第一版郵票價格已經很高，而且有不少人購買。在最近由蘭美特先生舉辦的拍賣會中，第一版郵票每套以美金二塊五賣出，第二版也賣了美金七十五分，共售出三十套。

可見「第二版」的發行日在一八九五年九月間，雖然不能排除八月底發行的可能性。臺灣民

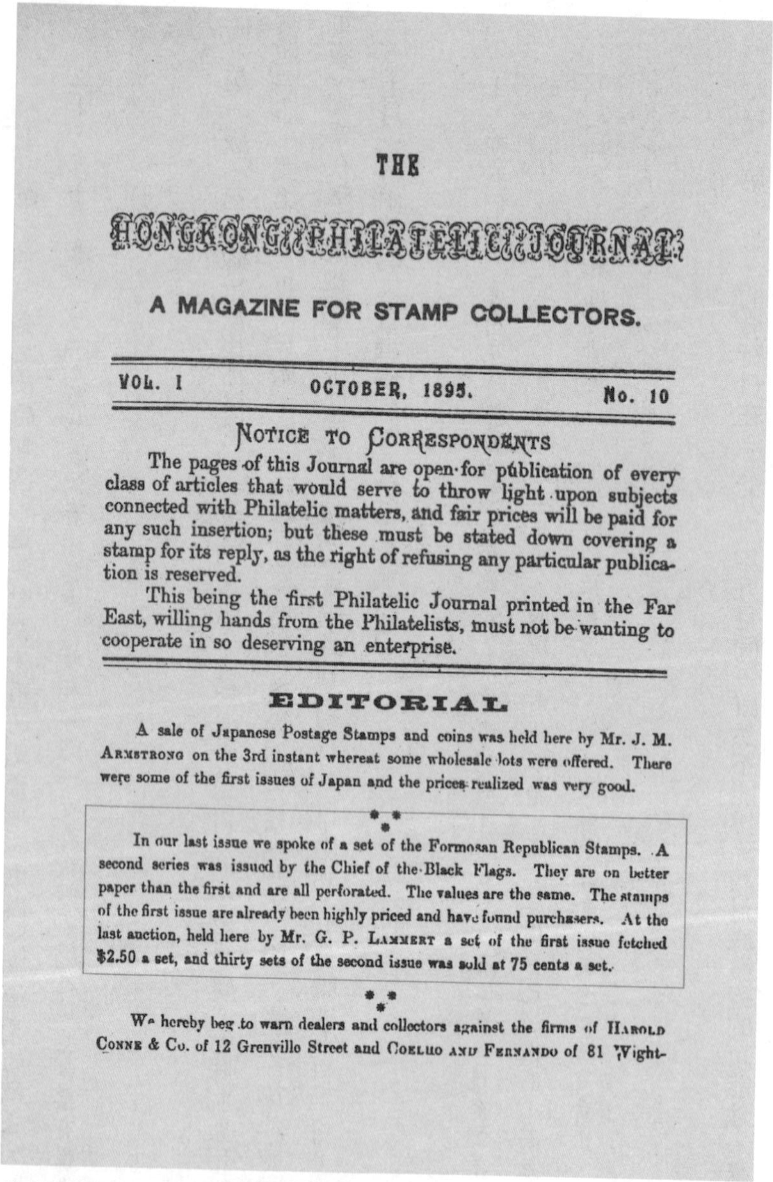

THE

HONGKONG PHILATELIC JOURNAL

A MAGAZINE FOR STAMP COLLECTORS.

VOL. I OCTOBER, 1895. No. 10

NOTICE TO CORRESPONDENTS

The pages of this Journal are open for publication of every class of articles that would serve to throw light upon subjects connected with Philatelic matters, and fair prices will be paid for any such insertion; but these must be stated down covering a stamp for its reply, as the right of refusing any particular publication is reserved.

This being the first Philatelic Journal printed in the Far East, willing hands from the Philatelists, must not be wanting to cooperate in so deserving an enterprise.

EDITORIAL

A sale of Japanese Postage Stamps and coins was held here by Mr. J. M. ARMSTRONG on the 3rd instant whereat some wholesale lots were offered. There were some of the first issues of Japan and the prices realized was very good.

* * *

In our last issue we spoke of a set of the Formosan Republican Stamps. A second series was issued by the Chief of the Black Flags. They are on better paper than the first and are all perforated. The values are the same. The stamps of the first issue are already been highly priced and have found purchasers. At the last auction, held here by Mr. G. P. LAMMERT a set of the first issue fetched $2.50 a set, and thirty sets of the second issue was sold at 75 cents a set.

* * *

We hereby beg to warn dealers and collectors against the firms of HAROLD CONNE & Co. of 12 Grenville Street and COELHO AND FERNANDO of 81 Wight-

《香港郵刊》一八九五年十月號報導獨虎票已發行「第二版」。根據這篇報導，第一版獨虎票已進入拍賣場，並以「很高」的價格成交。

主國結束前，獨虎票已獲得不少集郵家的注意，第一版在市場上的拍賣價格已遠高於「第二版」。

一八九五年十月十日，匿名報導

臺灣民主國結束前十一天，一八九五年十月十日，那位剛好在臺灣的英國人E發了一篇通訊到《集郵雙週刊》、《史丹利．吉本斯郵票月刊》、《倫敦集郵》及《澳洲集郵》等刊物，有的於當年十二月有的於一八九六年一月刊出：

> 臺灣的獨虎票有兩版。第一版以當地所鑄的很粗簡的版模印造，印在很粗糙的薄紙上，沒有齒孔。每一次使用時，必須從全張上剪下來。這一版只印了兩千套，很快就銷盡。我剛好在當地，雖然曾經嘗試要購買這些郵票，可是卻買不到真票了，因為版模不完整，很快就被毀掉。政府也曾經嘗試要做一個更好的版，但失敗了，因此下一個版模就從廣東訂購。廣東這方面的工作做得很好，印出來的就是所謂的第二版。第二版的版面與第一版相同，卻清楚多了，只有三個面值，即紅色三分、紫色五分及藍色十分（第一版的三分是紅色，五分紫色，十分綠色），票上沒有加蓋。第二版的紙為了印郵票而事先打妥齒孔。當民主國不再存在時，

大家要非常謹慎地接受這些郵票，因為製造郵票的版模還在與劉將軍有關的中國人手上。這些人十分明白這些版模的經濟價值，一旦知道偽造的郵票可以賺大錢，他們一定會繼續印製。劉將軍已經與日本人開始妥協講和，因此整個事件大概會在十天至兩週之內結束。臺灣的書信要送到中國大陸，必須強迫性地貼上這些郵票，所有經過當地郵局遞送的信件都要在海關接受檢查是否貼上郵票。到目前為止，這些郵票可以說是真的。海關由一位外國人監督，而這個外國人據說是出售這些郵票的外國財團份子之一。至今已經發行了五千套第二版郵票，至於是否有利可圖，或者民主國結束後是否印發更多的郵票則不得而知。

這封信有不少錯誤的訊息，不但印製數量錯誤，不同面值的郵票顏色也有誤。儘管如此，部分內容仍值得一提：

一、在E所謂的第一版與「第二版」之間曾嘗試製造另一個版模，可是失敗了，因此現在所知的第II版可能就是當時失敗的那一版，而早期文獻所說的「第二版」，其實是第III版。假設此一推論正確，則第II版與第I版的版模都屬「臺灣製造」。

第II版圖樣模糊，印發數量極少，不少外國人包括禮密臣與麥嘉林，都不知道這個版模也印過郵票。這不但說明何以第II版郵票如此罕見，也為早期獨虎票只分成兩版而非三版或四版提供了合理的解釋，更使得禮密臣與麥嘉林的描述變得可理解，他們筆下半數為黑色的「第二版」一百錢獨虎票，其實是第Ⅲ版。

二、臺灣民主國即將結束時，「第二版」（第Ⅲ版）的版模還握在劉將軍手下的官員手裡。外國人十分明白這些版模可以用來發財，因此集郵者都受到警告可能有偽票。在已知的第Ⅲ版之外還有第Ⅳ版，極可能是非法再印票，甚至是偽票。

三、「第二版」事先在紙張打上齒孔，而且是特別為了印製這些郵票而打孔，這說明獨虎票的印製程序一反常態，先打孔再印製。

四、對於外籍監督麥嘉林有一段有趣的描述。信中說麥嘉林是外國財團的一份子，他是否判斷臺灣民主國為時不久，所以以經濟利益為由想出這項國際陰謀？而禮密臣透過一八九五年十一月二十三日的《香港日報》聲稱「除了自己要用的幾套郵票以外，作者對這些郵票的未來沒有興趣。」禮密臣有何必要特地聲明立場？

一八九五年十一月，《史丹利・吉本斯郵票月刊》（*Stanley Gibbons Monthly Journal*）

臺灣民主國結束兩、三個月後，集郵刊物陸續刊出關於臺灣民主國郵票的文章。以下文章刊登於一八九五年十二月份《史丹利．吉本斯郵票月刊》：

……早期有一個版比現在送給我們看的這一版還要模糊，……當地的報紙還說第一版郵票已經被從香港、廈門及福州來的外國人買光，因此我們毋須顧慮。據我們所知，第二版的版模還存在，而且是在會利用它來賺錢的人的手中，因此我們不推薦讀者花錢大量投資買這些郵票。

一八九六年一月，《大英郵刊》（*The Philatelic Journal of Great Britain*）

一八九六年一月，《大英郵刊》開始報導獨虎票：

……只印了兩千套，紅色三分；紫色五分；綠色十分。版模隨後被銷毀，而第二個版模也失敗了。所以從廣東訂購版模印製郵票，紅色三分；紫色五分；藍色十分。第二個版模還在中國人手上，因此我們或許還會看到很多這一版的郵票。

這篇報導也指出第一版只印兩千套。一個月後（一八九六年二月），《大英郵刊》將第一版的印製數量改成七千五百到八千套，而「第二版」估計發行一萬八千套，其中八千套用於郵政業務。這些數目可能因禮密臣於一八九五年十一月二十三日在《香港日報》上的報導而有所更動。

一八九六年一月，《澳洲郵刊》（*Australian Philatelist*）

《澳洲郵刊》曾記載一八九五年十二月十六日的一封信，「信封裡有一些奇奇怪怪的東西」，從廈門經香港寄到澳大利亞。信中有兩隻信封，一個內裝第一版郵票，標註「臨時郵票」，另一個內裝「第二版」（第Ⅲ版）郵票，標明其為「新版」。

跟這包東西裝在一起的是一張用打字機打印的郵票批發與零售價格，以及財團所擁有的郵票數量（臨時版有三千五百套，「第二版」有六千五百套）。編者的用意是這些臺灣郵票的外國成分太濃，奉勸大家把這些郵票列為中國郵票中收藏需求最低者。

一八九七年，《廈門郵局發行之郵票目錄》

臺灣民主國結束一年以後，一位著名的廈門海關集郵家，綿嘉義（Juan Mencarini），對廈門郵政史有如下的記載：

當時臺灣處於無政府狀態，從臺灣寄來的信件都沒有貼上郵票。因此廈門郵局不得不印行欠資郵票並加蓋。大家都認為混亂狀態很快就會結束，而且其他地區不需要使用這種欠資加蓋郵票，所以每一次都少量印行，印了不少次。

綿嘉義是郵學專家，又在廈門海關服務，所以他的描述值得相信。當時臺灣寄往廈門的信件若非沒貼郵票，就是如麥嘉林所說，貼著三十錢的臨時郵票。現存某些實寄封貼用的郵票面值遠超過實際所需的郵資，這些實寄封極可能都是精心製造的假貨，即使郵票是真品。

一九一八年十一月，《愛郵者》（*The Stamp Lover*）

馬士於一八九二年至一八九五年間擔任淡水海關稅務司。戰爭期間，馬士給英國少年集郵協會會長美爾微爾寫過一封信，回應他不久之前發表過的一篇文章。此信未註明發信日期，但曾於一九一八年為人引用，馬士在信上說第一版印製八千套，「第二版」一萬兩千至一萬五千套。

一九二二年六月，《費城郵訊》（*Philadelphia Stamp News*）

一八九七年二月二十五日，泰瑞（T. Phillip Terry）寄了一封有趣的信給路得魯（W. Rutderow），泰瑞在信中說：

> 日本人進城不久之前，有一位居留外僑（a gentelman resident）到郵局收購剩餘的所有郵票。郵政局長所做的最後一件事就是把這些郵票悉數銷印，變成我們現在所看到的樣子。

信中並未指明那一版，但極可能是第I版，因第I版全張銷印者至今仍然可見。臺灣當時沒有集郵風氣，所謂的「居留外僑」很可能是一個滯留安平的外國人。根據禮密臣的記載，當時還在安平的外國人除了麥嘉林，還有他的菜鳥同事卜頓（S. Burton），此外還有一位住在安平的外僑希士廷（H. Hastings）和一名來自香港的訪客亞里敦（S. Alliston）。

那位匆匆忙忙把剩下的郵票全蓋上郵戳的「郵政局長」難道是麥嘉林？或是卜頓受了麥嘉林的緊急指使？大肆收購郵票的「外僑」是希士廷，還是亞里敦？這封信某種程度上旁證了獨虎票的發行和結局有很多外國成分介入的說法。

如今可見的「用過的」第I版郵票，可能都出自這位郵政官員之手，而非實際銷印使用的郵票，因為第I版採用的紙張極薄，已貼上信封的郵票既不易洗取也不可能絲毫無傷。

一九八七年五月，《中國飛剪》（*China Clipper*）

一九八七年，蓋茲（S. Gates）偶然間發現偽票。蓋特購買二十世紀中國集郵名家郝斯（Clifton Howes）的收藏品時，發現了一則英文剪報，這則剪報未載日期，但後面有一則一八九五年十二月三十一日截止的保險廣告片段，因此出刊日期必在此之前。

這則剪報說第一版郵票已經售罄，還提到一枚藍色一百錢米老鼠偽票。根據該報導對第一版郵票的描述，可以判斷該文可能寫於臺灣民主國結束(一八九五年十月二十一日)前，果真如此，則由此而得的結論將相當驚人，那暗示著偽票早在臺灣民主國滅亡之前就「上市」了。

十分巧合地，這枚偽票跟禮密臣一九〇三年《臺灣島》一書收錄的偽票是同一枚。

缺席的關鍵報告

每年年底，海關主管都要撰寫正式報告書呈給北京的總稅務司。一八九五年十二月三十一，末代安平海關主管署稅務司（Acting Commissioner）司必立按例將該年度的〈臺南貿易報告書〉上呈總稅務司赫德（Robert Hart），很可惜的，這份官方文書並沒未提及當年安平海關的郵政服務。對於內容向來無所不包的海關年度報告書而言，這並不尋常。然而，一八九五年情況特殊，只要知曉以下事實，或許就不認為這是一項疏漏。

一八九五年六月，戰火威脅開始往南擴散。七月初司必立帶頭撤退，麥嘉林多數同事也跟著逃離，他卻留了下來，確切原因不明。在那段訊息傳遞不順暢的非常時期，司必立可能不清楚幾個星期以後安平的情勢，也對麥嘉林的所作所為毫不知情，以至於無從下筆，何況自七月初起，安平海關就不受大清海關管轄了。在諸多猜測中唯一可以確定的是，當司必立匆促離開安平的那一刻起，他就再也回不去了。

一八九五年六月十日，野村才二銜臺灣總督之命接收淡水海關；臺灣民主國崩潰後一個星期，十月二十八日，野村才二再度奉命接收安平海關，於是遠在北京的大清帝國總稅務司赫德永遠失去了從未踏及的南國轄地。

尋找麥嘉林

如同大清郵政，臺灣民主國的郵政創始人也是一位在海關任職的外國人，麥嘉林。他是安平海關的低階職員，戰爭發生後，他臨時出任代理主管，成為劉永福的特別顧問，幫忙籌餉，後來更成為劉永福少數心腹之一。

戰爭末期，麥嘉林積極參與日本軍隊和平進駐安平。可惜的是，關於這位歷史上的關鍵人物鮮有記載，只能透過有限而零碎的資料，加上合理的猜測，盡量拼湊麥嘉林的樣貌。

McCallum · MaCallum · MacAllum · MacCallum · McAllum

在拼湊麥嘉林身影的過程中，第一個遭遇的難關就是他的英文姓氏。

禮密臣是對獨虎票描述最多的外國人，他使用「McCallum」[26]來稱呼麥嘉林。戰爭結束後兩天，一八九五年十月二十三日，英國駐安平領事胡力穡寫信給英國駐北京公使歐維訥，信中胡力穡把麥嘉林拼成「MaCallum」，名字或縮寫則沒有任何記錄。臺南英籍傳教士萬榮華（Rev. Edward Band）曾積極促成日本和平佔領臺南府，一九一四年到一九四〇年間萬榮華擔任臺南長榮中學第三任校長。他在《福爾摩沙的巴克禮》（Barclay of Formosa）一書採用另一種拼法，「MacAllum」。張敏生醫師藏有一枚實寄封，收信人麥嘉林，其英文拼法為「MacCallum」。

一八九五年十一月十六日，《香港日報》刊出麥嘉林的短訊，文末麥嘉林署名「G. McCallum」。文獻上從未記載麥嘉林的名字，卻經常可以見到他的名字縮寫「C. A.」，如大清海關的《新關題名錄》。有趣的是，麥嘉林在前述的短訊之末使用從未出現的「G.」。沒有人會寫錯自己的名字，同樣地，連續二十幾年的官方紀錄和所有文獻都錯植麥嘉林的名字縮寫，也是不可能的失誤。因此，麥嘉林寫的可能是「C.」，而排版時誤植為「G.」，這大概是最接近真相的推論了。

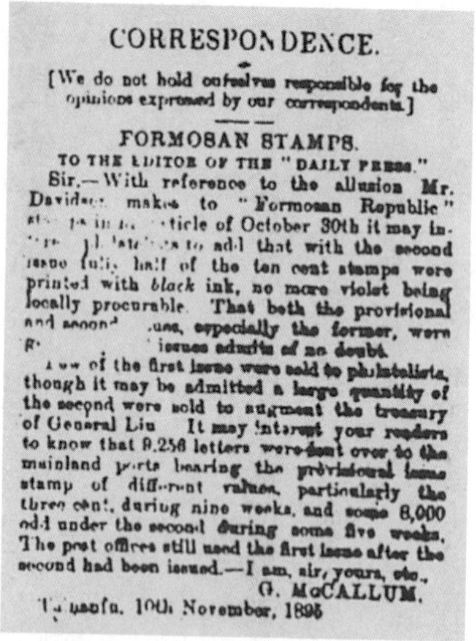

CORRESPONDENCE.

[We do not hold ourselves responsible for the opinions expressed by our correspondents.]

FORMOSAN STAMPS.

TO THE EDITOR OF THE "DAILY PRESS."

Sir,—With reference to the allusion Mr. Davidson makes to "Formosan Republic" stamps in [illegible] article of October 30th it may interest [illegible] to add that with the second issue fully half of the ten cent stamps were printed with *black* ink, no more violet being locally procurable. That both the provisional and second [illegible] issues, especially the former, were [illegible] issues admits of no doubt.

[illegible] of the first issue were sold to philatelists, though it may be admitted a large quantity of the second were sold to augment the treasury of General Liu. It may interest your readers to know that 9,256 letters were sent over to the mainland ports bearing the provisional issue stamp of different values, particularly the three cent, during nine weeks, and some 6,000 odd under the second during some five weeks. The post offices still used the first issue after the second had been issued.—I am, sir, yours, etc.,

G. McCALLUM.

Tainanfu, 10th November, 1895

一八九五年十一月十六日，《香港日報》刊出麥嘉林的短訊，文末署名「G. McCallum」，可能是排版誤植所致。

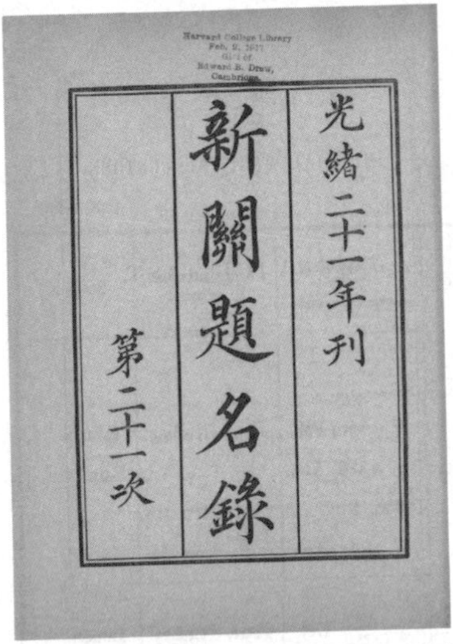
光緒二十一年刊

新關題名錄

第二十一次

CHINA

IMPERIAL MARITIME CUSTOMS.

IV.—SERVICE SERIES: No. 1.

SERVICE LIST.

TWENTY-FIRST ISSUE.

(Corrected to 1st July 1895.)

PUBLISHED FOR THE USE OF THE CUSTOMS SERVICE,

BY ORDER OF

The Inspector General of Customs.

SHANGHAI:

《新關題名錄》光緒二十一年刊，一八九五年七月一日校訂。

阿郎：一八九五以前的 McAllum

每年七月一日，大清海關總稅務司署駐滬造冊處依例編造年度海關職員錄。這是一本跨曆年制的名錄，校訂日通常是七月一日，亦即資料收錄的起訖期間為前一年七月二日至當年七月一日，猶如臺灣二十年前的會計年度。

這本大清海關職員錄英文題名為 *China Imperial Maritime Customs Service List*，中文則為《新關題名錄》，主要的部分採中英對照，無論階級，每一位外籍職員都有相應的本國姓名與正式漢名。

一八九一年，C. A. McAllum 第一次出現在光緒十七年刊行的第十七次《新關題名錄》，漢名「阿郎」。依據這份紀錄，麥嘉林於一八九

(38)

Out-door.

Name.	Nationality.	Date of first Appointment.	Date of Appointment to present Rank.	Station.
Probationary Tidewaiters :—				
G. Jenkel	German ...	*W.* 1890, Feb.	1890, October..	Tainan.
L. J. Xavier	Portuguese	„ 1888, Aug.	„ „ ..	Kowloon.
J. A. Drewes	British.....	1890, Nov.	„ Nov.	„
H. R. Hore	„	*W.* 1890, Aug.	„ Dec.	Canton.
A. Holeman	„	„ „ „	„ „	Swatow.
C. A McAllum	„	„ „ Oct.	1891, January	Tainan.
H. C. Sherman	American	„ „ June	„ April.....	Canton.
W. R. Comrie	British.....	„ „ Aug.	„ „	Kiungchow.
P. S. Dougherty	„	„ „ „	„ „	Canton.
T. Schneider	German ...	„ 1889, May	„ May......	Hankow.
J. C. Hoch	Dutch......	„ 1890, April	„ „	Kiukiang.
A. Thompson	American	„ „ Oct.	„ „	Lappa.
N. C. Sörensen	German ...	„ „ April	„ „	Hankow.
J. Hughes	British.....	„ „ Sept.	„ „	Foochow.
J. J. Newell	„	„ „ Oct.	„ „	Amoy.
T. Stephenson	American	„ „ Nov.	„ June......	Kowloon.
W. L. Martick	German ...	„ 1891, Jan.	„ „	„
H. C. Müller	Norwegian	„ „ April	„ „	Shanghai.
E. L. Strömdahl	Swedish...	„ 1890, June	„ „	Hankow.
T. A. Kennett	American	„ „ Aug.	„ July......	Ningpo.
R. H. Mulley	British.....	„ „ „	„ „	Chefoo.
T. Crosby	„	„ 1891, April	„ „	Swatow.
E. Auty	„	„ 1890, Nov.	„ „	Lappa.

《新關題名錄》，光緒十七（一八九一）年刊，C. A. McAllum 首度名列大清海關職員錄，漢名「阿郎」（上圖名錄第六筆資料）。從這份紀錄可以得知 McAllum 於一八九〇年十月「初到」中國海關，一八九一年一月獲派臺南（安平）海關。

姓名	籍	初到	末陞	關
試用鈐字手				
曾嘉爾	德	光緒十六年	光緒十六年	臺南
沙威雅	葡	〃十四〃	〃〃〃	九龍
德路士	英	〃十六〃	〃〃〃	〃
何鴻	〃	〃〃〃	〃〃〃	粵
阿實文	〃	〃〃〃	〃〃〃	潮
阿郎	〃	〃〃〃	〃〃〃	臺南
佘民	美	〃〃〃	〃十七〃	粵
甘利	英	〃〃〃	〃〃〃	瓊
皮多第	〃	〃〃〃	〃〃〃	粵
史乃達	德	〃十五〃	〃〃〃	江漢
侯克	和	〃十六〃	〃〃〃	九江
探純	美	〃〃〃	〃〃〃	拱北
色凌升	德	〃〃〃	〃〃〃	江漢
羅斯	英	〃〃〃	〃〃〃	閩
紐威露	〃	〃〃〃	〃〃〃	廈門
師分遜	美	〃〃〃	〃〃〃	九龍
馬迪	德	〃〃〃	〃〃〃	〃
穆樂邇	腦威	〃十七〃	〃〃〃	江海
司登達	瑞典	〃十六〃	〃〃〃	江漢
克乃得	美	〃〃〃	〃〃〃	浙
墨利	英	〃〃〃	〃〃〃	東
郝斯庇	〃	〃十七〃	〃〃〃	潮
歐第	〃	〃十六〃	〃〃〃	拱北

三十八

〇年十月進入中國海關，一八九一年一月獲命為外班（Outdoor，非內勤人員）試用鈐字手（Probationary Tidewaiter），駐地臺南（安平）海關，於是麥嘉林在遠東的海關生涯從安平港邊展開了。

一八九二年，阿郎受聘為三等鈐字手（Third Class Tidewaiter），這是海關外班最低階的職位，負責檢查貨物下倉。直到一八九四年七月一日，阿郎還有兩個三等鈐字手同事，德籍的曾嘉爾（G. Jenkel）和英籍的麥理惠（F. McLavy），都比他早八個月投身海關。

一八九五年，阿郎和麥理惠仍是安平海關的三等鈐字手，曾嘉爾前一年八月離職，原因不明，接替的是新手卜頓，他也是三等鈐字手，資歷不滿一年。

一八九五年七月一日照例是校訂海關職員名錄的期限，就在那一天，麥嘉林的主管司必立帶著多數海關職員逃難，確認海關人員名單或許是司必立在安平海關的最後一件差事。幾個月後，安平海關移交日本，不再屬於大清。

漢式的 McAllum

McAllum 的漢名也有好幾款：阿郎、麥嘉林、麥嘉霖、麥家林、麥高郎等等，但只要翻開

《新關題名錄》即可得知「阿郎」和「麥嘉林」才是他的正式漢名，一八九五年之前是「阿郎」，之後變成「麥嘉林」。

《新關題名錄》於一八九一年首度登錄 C. A. McAllum，其後四年 McAllum 的漢名和他的職稱一樣沒有變動，一直是三等鈐字手「阿郎」。從一八九六年度的《新關題名錄》起，C. A. McAllum 改稱「麥嘉林」，他的職銜也一步一步穩定爬升。

關鍵時刻

臺灣民主國抗日戰爭前，安平海關主管是美國人司必立。戰爭發生後不久，司必立認為枯等日軍來襲實非明智之舉，決定六月二十九日關閉海關，撤離人員。[27] 劉永福曾利用海關來控制稅收，英國人也想讓海關繼續開放，如此一來商業利益才得以持續[28]。但何以派遣一名低階職員代理海關主管，文獻上並沒有紀錄，也許高階職員爭相離開戰爭區域，沒有人願意留守。禮密臣說司必立等人於七月一日乘英船史巴旦號（Spartan）離開安平，唯獨麥嘉林遭到阻擋，不許上船。麥嘉林之所以留在臺灣可能不是出於自願，目的是為了保障英國的商業利益，包括糖、樟腦等可以繼續運送。

Name.	Nationality.	Date of first Appointment.	Date of Appointment to present Rank.	Station.
FOURTH ASSISTANTS: B.				
A. M. J. Porter . . . . —	British.....	1892, Dec.......	1892, Dec.......	London.
A. F. Smith [1] . . . . —	„	1894, Sept.	1894, Sept.	„
J. R. Putnam [2] . . . . —	American..	1896, February	1896, February	Peking.
A. J. Basto [2] . . . . —	Portuguese	„ April	„ April	Canton.
F. H. Bell [2] . . . . —	British.....	„ „	„ „	Hankow.
G. Bocher [2] . . . . —	French.....	1894, Sept.	„ „	„
A. E. Kindblad [2] * . . . . . . —	Swedish...	1895, Dec.	„ „	Wuhu.
E. W. Flanagan [2] . . . . —	British.....	1896, April.....	„ „	London.
R. C. Guernier . . . . —	French.....	„ „	„ „	Tientsin.
C. T. Brandt [2] . . . . —	German...	„ May	„ May	Ningpo.
F. W. Carey [2] . . . . —	British.....	1892, June	„ „	Szemao.
W. C. G. Howard [2] . . . . . . —	„	„ Sept.	„ June	Tientsin.
C. A. McAllum [2] * . . . . . . —	„	1891, January..	„ „	Mengtsz.
J. Nolasco da Silva [2] . . . . . —	Portuguese	1896, June	„ „	Lappa.
R. F. Wrench [2] . . . . —	British.....	„ July......	„ July......	Ichang.
R. Assenheimer [2] . . . . —	German ...	„ „	„ „	Peking.

[1] On leave.

[2] On probation.

從光緒二十二（一八九六）年開始 C. A. McAllum 在《新關題名錄》裡的漢名改稱「麥嘉林」（上圖名錄倒數第四筆資料）。

姓名	籍	初到	末陞	關
四等幫辦後班				
巴爾特	英	光緒十八年	光緒十八年	總司署甲
司美德	〃	〃二十〃	〃二十〃	〃甲乙
勃德納	美	〃二十一〃	〃二十一〃	〃丙
巴士德	衞	〃二十二〃	〃二十二〃	粵丙
貝泐	英	〃〃〃	〃〃〃	江漢丙
柏室邇	法	〃二十〃	〃〃〃	〃丙
金佩璐	瑞典	〃二十一〃	〃〃〃	蕪湖丙
費蘭根	英	〃二十二〃	〃〃〃	總司署甲丙
葛尼爾	法	〃〃〃	〃〃〃	津
巴蘭德	德	〃〃〃	〃〃〃	浙丙
甘累	英	〃十八〃	〃〃〃	思茅丙
鉞蔚眞	〃	〃〃〃	〃〃〃	津丙
麥嘉林	〃	〃十六〃	〃〃〃	蒙自丙
諾樂師古	衞	〃二十二〃	〃〃〃	拱北丙
魏霖治	英	〃〃〃	〃〃〃	宜昌丙
阿森瑪	德	〃〃〃	〃〃〃	總司署丙

甲駐英　乙暫假　丙試用

麥嘉林沒有離開安平，另一種說法似乎更具有說服力。《高雄海關史》一書曾引用英國「外交部檔案」（FO, Foreign Office Documents）英國駐安平領事胡力穡與駐北京公使歐維訥於一八九五年七月中旬的通信，指出劉永福得知海關關閉後非常生氣，毫不理會稅務司與英國領事的權責並不相關，要求胡力穡無論如何要讓海關維持運作，若留不住原來的關員，至少保證要找到一批可以讓海關繼續運作的人員。由於事涉國際外交，胡力穡嚴守中立，拒絕介入。就在此時，劉永福得知海關人員撤退時，其中一艘船出了意外未能及時離港，幾個關員不得不滯留安平，麥嘉林正是其中之一。劉永福於是要求麥嘉林繼續經營海關，經過三個小時長談，麥嘉林答應了。與麥嘉林同乘一船的還有他的兩個中國同事陳鑾和蕭祥彬，最後他們和新手卜頓都留了下來。臺灣民主國的海關於七月四日恢復運作[29]，麥嘉林掌其事，卜頓擔任助手。

麥嘉林代理安平海關主管並非司必立所託，更不是總稅務司赫德的任命，而是由清、日政權交替之際的反對政權所聘任，無論從清朝或日本的角度來看，麥嘉林都不具正式資格。然而麥嘉林不負所託，在他的帶領下安平海關給予臺灣民主國不少助力，每月上繳劉永福政權的關稅多達一萬三、四千兩[30]。

罕見的洋親信

戰爭繼續進行，劉永福需要的軍餉與日俱增，儘管劉永福的手下賣力籌錢，可惜成效有限。吳質卿在《臺灣戰爭日記》中提到一八九五年八月十日（農曆六月二十日）曾拜訪麥嘉林，請教如何籌措軍餉。麥嘉林提議興辦郵政服務，這項建議似乎頗受劉永福歡迎，命令吳質卿立刻辦理。

不少文獻指稱麥嘉林主動提議籌設郵政系統[31]，事實並非如此，但麥嘉林從此一躍而為安平海關的戰時主管與臺灣民主國郵政服務的主導者[32]，不久更成為劉永福的少數親信之一。

戰爭末期，英國領事胡力穡曾設法安排劉永福與乃木希典將軍和談，乃木要求在鳳山會面，劉永福的條件則是讓麥嘉林同行[33]。其後不知何故，和談並未舉行，不過由此可窺見麥嘉林在劉永福心目中似乎存有某種份量。傳統上，中國人對外邦人士一向懷有猜忌，因此麥嘉林與劉永福的關係特別值得注意。

和平不容猶豫

戰爭末期，麥嘉林在日本和平接收安平的過程中扮演了關鍵角色。

一八九五年十月十九日，劉永福已知無力回天，匆促間使計喬裝成平民，搭乘英輪爹利士號一走了之，留下幾千個全副武裝的黑旗軍和大量軍火。

幾個月前日軍接收臺北府之前的動亂令人記憶猶新，如果沒有因應措施，一旦日軍開進府城將引發大規模的死傷。於是，麥嘉林決定插手。

麥嘉林和其他幾個留在安平的外國人說服劉永福的軍隊繳械，花了快一天收齊六千至八千支步槍，還有不少小型武器，全部收進海關的鴉片倉庫，士兵則集中在海關廳舍和倉庫。十月二十日晚間，安平的砲臺和軍營已空無一人，隔天一早日本陸戰隊及水兵佔領安平[34]，麥嘉林把解除武裝的臺灣民主國士兵交給日方，後來他們被送上日本貨船旅順丸遣返中國大陸[35]。

麥嘉林是少數幾位見證臺灣民主國結束的外國人之一，由於他的認知與努力說服了敗軍餘勇放下武器，避免了不必要的傷亡。

淡水海關的末代主管馬士於一八七四年投身大清海關，與他同時前來遠東的還有另外三個哈佛大學的同學，包括麥嘉林的上司司必立，那年馬士十九歲。假設麥嘉林也在十九歲從溫帶涼冷的英格蘭飄洋過海抵達亞熱帶炎熱潮濕的安平，幾年後他被捲進動盪的一八九五年，於夏秋之間的短短幾個月中掌理海關，在艱難危急的戰爭狀態下創建並指揮郵政系統，還勸服幾千個兵勇繳械，免除無謂的血光之禍，而那時他可能只是一個不到二十五歲的年輕人。

一八九五以後的麥嘉林

安平海關的三個末代三等鈐字手各有前途。

麥理惠應該跟著司必立渡海前往中國，他在一八九五年十一月升上二等鈐字手，駐守江海（上海）關。

在一八九六年度《新關題名錄》中，麥嘉林和卜頓各有一筆離職紀錄，時間都是一八九五年七月，離退地點為上海江海關，但這是不可能的。照禮密臣的記載，直到臺灣民主國末期，他們兩個還待在安平，尤其麥嘉林在那段期間不僅一手創辦臺灣民主國郵政，還促成日軍和平接收。合理的解釋應該是，麥嘉林和卜頓雖然滯留安平，但安平海關不再屬於大清海關，因此視如離職。

從記錄中看不出麥嘉林和卜頓何時復職，不過在一八九六年七月一日前，卜頓在安徽蕪湖海

Name.	Nationality.	First Appointment.		Withdrawal from the Service.				Remarks.
		Date.	Position.	Date.	Port.	Position.	Mode.	
Hibler, A. S.	Austrian	1888, March	Watcher	1896, March	Tientsin	3rd Class Tidewaiter	Resigned.	
Hocking, S.	British	1894, May	Gunner	1895, Oct.	*Feihoo*	Gunner	„	
Hokim Singh	„	„ June	Watchman	„ July	Lappa	Watchman	Discharged	
Jensen, J. M.	Danish	1896, „	Watcher	1896, June	Shanghai	Watcher	„	
Kentwell, L.	„	1893, Aug.	„	1895, July	Kowloon	Proby. Tidewaiter	Resigned.	
Kindblad, A. E.	Swedish	1894, Sept.	„	1896, Feb.	Hankow	„ „	„	
Kingsley, T. H.	British	1879, Dec.	„	„ March	Kowloon	Tidesurveyor	„	
Knoth, E. A.	German	1895, Jan.	„	1895, Aug.	Lappa	Proby. Tidewaiter	„	
Koch, G. T.	British	1896, „	„	1896, March	Canton	Watcher	Dismissed.	
Larsen, V.	Danish	1891, Aug.	4th Assistant, *B* (*on probation*)	„ April	Wuhu	4th Assistant, *A*	Deceased.	
Leal, R.	American	1894, Dec.	Watcher	1895, Oct.	Canton	Watcher	Resigned.	
Little, G.	British	1892, Sept.	Salt Watcher	„ Aug.	Chinkiang	Salt Watcher	Deceased.	
Ludlow, E.	„	1880, „	4th Assistant, *B*.	1896, April	C. U. L.	Private Secretary	Resigned.	
Marquardt, H.	German	1888, Feb.	Watcher	1895, Oct.	Lappa	2nd Class Tidewaiter	„	
McAllum, C. A.	British	1890, Oct.	„	„ July	Shanghai	3rd „ „	„	
McKearney, J.	American	1895, June	„	1896, March	„	Watcher	Disappeared	
McNab, W. S.	British	„ Dec.	Supernumerary 3rd Engineer	„ „	*Kaipan*	Supernumerary 3rd Engineer	Resigned.	
Milchling, W.	German	1892, Feb.	Watcher	1895, Nov.	Kiukiang	3rd Class Tidewaiter	„	
Monteith, F. S.	British	1893, July	3rd Officer	1896, Jan.	*Likin*	Acting 2nd Officer	„	
Narain Singh	„	1894, May	Watchman	„ March	Lappa	Watchman	„	

一八九六年度的《新關題名錄》有一筆麥嘉林的離退紀錄（上圖名錄倒數第六筆資料），時間是一八九五年七月，正是安平海關緊急關閉之時。

關以三等鈐字手的職銜佔了捕頭（Police Sergeant）缺。麥嘉林則從一八九六年六月起調入內班，擔任四等幫辦後班（Fourth Assistant: B），駐地雲南蒙自（昆明），不過仍在試用期（On probation）。在蒙自，麥嘉林又做了司必立的手下。

根據一九〇一年度以後的《新關題名錄》，我們得知麥嘉林於一八九九年二月晉升為三等幫辦後班（Third Assistant: B），隸屬閩海關，派駐三都澳，一九〇二年成為三都澳海關首任主管。一九〇一年十月，麥嘉林升三等幫辦前班（Third Assistant: A），有段時間他出差去了，前往何地不詳；一九〇三年一月升二等幫辦前班（Second Assistant: A），五月起休假

MENGTSZ:—

I. Revenue:

IN-DOOR:	*Commissioner,*	W. F. SPINNEY.
	2nd Assistant, B,	A. Henry.
	3rd „ A,	H. W. Brazier.
	4th „ „ (Medical Officer),	J. L. Michoud.
	„ „ B,	C. A. McAllum.[1]
Chinese Clerks:	*1st Clerk,*	Lo Tseung.
	4th „	Chan Ki seung, Ip Kwong-man.
	Candidate Clerk,	Huang Yeh san.
OUT-DOOR:	*Examiner,*	H. Haines.
	Assistant Examiner,	W. J. Lye.
	1st Class Tidewaiter,	F. Williams.
	2nd „ „	A. Millar.

SZEMAO:—

I. Revenue:

IN-DOOR:	*Commissioner,*	F. A. CARL.
	4th Assistant, B,	F. W. Carey.[1]
Chinese Clerks:	*Candidate Clerk,*	Fung Shun-sam.
OUT-DOOR:	*Chief Examiner,*	E. Milhe.

YATUNG:—

I. Revenue:

IN-DOOR:	*Commissioner,*	H. E. HOBSON.
Chinese Clerks:	*Candidate Clerk,*	Wang Ch'ug Ts'ering.

[1] On probation.

一八九六年六月起，麥嘉林不再是檢查貨物的鈐字手，他從外班（OUT DOOR）轉入內班（IN DOOR），擔任試用（On probation）的後班四等幫辦，駐地雲南蒙自。

二十三個月。一九〇四年四月，麥嘉林尚在休假期間，當局仍讓他升上頭等幫辦後班（First Assistant: B），同一時間麥嘉林獲得滿清朝廷授予四品銜。

麥嘉林的職涯一路亨通，這意味著大清海關似乎具備良好的升遷制度，又或者麥嘉林是個優秀的海關職員。

銷假後，麥嘉林獲派前往渤海邊的營口海關，此後歷經蕪湖、重慶、江漢（漢口）、沙市、粵海（廣東）、江海（上海）等地。根據已知的紀錄，麥嘉林最後一個職務是中國第一關江海關的副稅務司（Deputy Commissioner），時當一九一八年，時光匆匆，從初到遠東算起已近三十年。此後麥嘉林去向不明。

Luca, L. de	盧立基	3rd Assistant, *A*	LL.D., Rome		1898.
			China Expedition Medal, 1900, Italy		June 1902.
			Chevalier of the Order of the Crown of Italy		1902.
Luca, R. de	盧力飛	Deputy Commissioner (*Extra.—Likin*).	LL.D., Pisa		1887.
			Chevalier of the Order of the Crown of Italy		21st Sept. 1900.
			Civil Rank of the Third Class	三品銜	5th April 1904.
Lye, W. J.	黎威林	Examiner	China Expedition Medal, 1900, Great Britain		1903.
Lyons, F. W.	來安仕	3rd Assistant, *B*	B.A. (Honours in Mathematical Science), Royal University of Ireland.		1897.
Macoun, J. H.	麻振	Chief " "	British War Medal and Clasp "Defence of Legations."		1902.
			Civil Rank of the Fourth Class	四品銜	12th April 1904.
Macphail, T.	馬格斐	Deputy Commissioner.	Civil Rank of the Fifth Class	五品銜	5th April 1904.
			Double Dragon, Third Division, First Class	雙龍三等第一寶星	
Manners, T. N.	滿那士	Chief Tidesurveyor	Civil Rank of the Fifth Class	五品銜	5th April 1904.
Mason, W. T.	馬純	Tidesurveyor	Civil Rank of the Fifth Class	五品銜	5th April 1904.
May, J. H.	長好美	Chief Tidesurveyor	Civil Rank of the Fifth Class	五品銜	5th April 1904.
Mayers, F. J.	梅爾士	Deputy Commissioner.	Civil Rank of the Fourth Class	四品銜	5th April 1904.
			Double Dragon, Third Division, First Class	雙龍三等第一寶星	
Maze, F. W.	梅樂和	" "	Civil Rank of the Third Class	三品銜	5th April 1904.
Maze, H. M.	梅樂思	1st Assistant, *B*	Civil Rank of the Fourth Class	四品銜	5th April 1904.
McAllum, C. A.	麥嘉林	" " *C*	Civil Rank of the Fourth Class	四品銜	5th April 1904.
Mears, C. B.	梅時祺	Godown Keeper	British War Medal and Clasp "Defence of Legations."		1902.
Mencarini, J.	綿嘉義	Chief Assistant, *B*	Chevalier of the Royal Order of Isabella Catolica.		
			Corresponding Member of the Royal Geographical Society of Madrid.		1896.
			" Member of the Royal Economica de Amigos del Pais de Filipinas.		"
			Medal of the First Class of the "Merito Naval con distintivo blanco."		6th July 1896.
			" " First Class of the "Merito Militar con distintivo blanco."		12th May 1898.

(361)

一九〇四年四月五日，麥嘉林獲滿清朝廷頒贈四品銜（圖中名錄倒數第三筆資料），引自《新關題名錄》光緒三十（一九〇四）年刊。

值得一提的是，麥嘉林在海關生涯中兩度與郵政有所牽連，除了一八九五年，還有從一九〇六年五月起以署副稅務司（Acting Deputy Commissioner）的頭銜兼任安徽大通郵政司（*Ex Officio Postmaster*）。

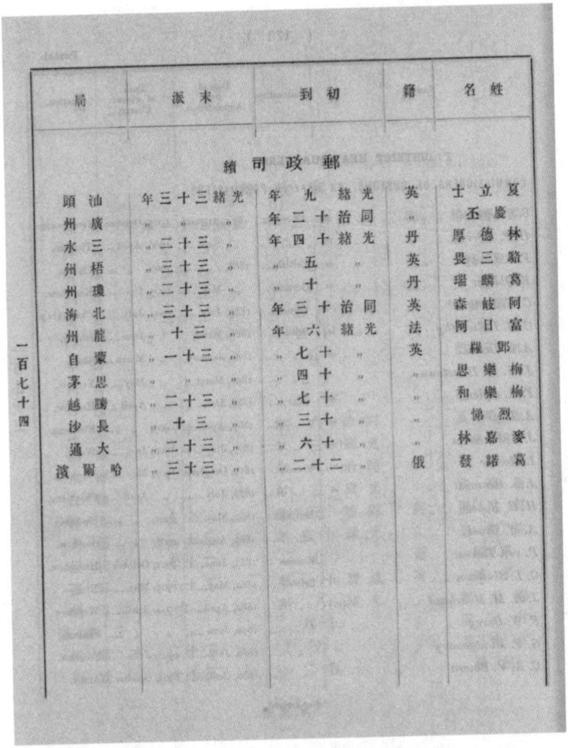

郵政司續

姓名	籍	初到	末派	局
夏立士	英	光緒九年	光緒三十三年	汕頭
慶丕	〃	同治十二年	〃〃〃	廣州
林德厚	丹	光緒十四年	〃三十二〃	三水
駱三畏	英	〃五〃	〃三十三〃	梧州
葛麟瑞	丹	〃十〃	〃三十二〃	瓊州
阿歧森	英	同治十三年	〃三十三〃	北海
富日阿	法	光緒六年	〃三十〃	龍州
鄧羅	英	〃十七〃	〃三十一〃	蒙自
梅樂思	〃	〃十四〃	〃〃〃	思茅
梅樂和	〃	〃十七〃	〃三十二〃	騰越
烈悌	〃	〃十三〃	〃三十〃	長沙
麥嘉林	〃	〃十六〃	〃三十二〃	大通
葛諾發	俄	〃二十二〃	〃三十三〃	哈爾濱

一百七十四

一九〇六年五月起，麥嘉林以署副稅務司（Acting Deputy Commissioner）的職銜兼任安徽大通郵政司（Ex Officio Postmaster，上圖名錄倒數第二筆資料），引自《新關題名錄》光緒三十三（一九〇七）年刊。

被遺忘的可疑份子

禮密臣在《香港日報》發表過不少有關臺灣民主國及戰爭的文章，也曾就獨虎票與麥嘉林互有討論。他說當局對獨虎票留有詳細的記錄，麥嘉林曾將這些記錄告訴他（參閱附錄七），因此很多重要資訊就假禮密臣之手獲得保留。

禮密臣曾說對獨虎票沒有興趣，卻經手相當數量的獨虎票。相形之下，麥嘉林與獨虎票的關係就清白多了，儘管不知名的英國人E指稱「海關由一位外國人監督，而這個外國人據說是出售這些郵票的外國財團份子之一。」他指的或許是麥嘉林，但上述說法從未獲得證實。

麥嘉林對臺灣民主國的郵政貢獻甚鉅，臺灣民主國的郵政史卻鮮少被提及，無論是否參與可疑的國際財團，麥嘉林的身影一點一滴為流沙似的時間吞沒，最終在臺灣的郵政史中幾近滅頂。

禮密臣與《臺灣島》

首席二手消息傳播者

沒有人知道臺灣民主國是否確實留下關於獨虎票的官方記錄，但可以肯定的是從來沒有人見過這一類文獻，所幸如今仍可找到片段的二手資料，其中一大部分即出自禮密臣的手筆。儘管錯誤頻頻，但在獨虎票相關文獻中，禮密臣[36]無疑是最常為人提及的作者之一。

北極歷險

禮密臣（James Wheeler Davidson）出生於一八七二年，為美國明尼蘇達州奧斯丁市第一國家銀行總經理之子。十九歲那年，禮密臣從西北軍校畢業，獲得中尉軍階，他並未投身軍旅，而是在報社的編輯臺待了一年。年紀輕輕的禮密臣結識許多當代著名的旅行家、探險家，曾陪同阿諾爵士（Sir Edwin Arnold）和史坦利爵士（Sir Henry M. Stanley）到處旅行，激起他對探險旅行的興趣，並因此步上傳奇的生涯。

一八九三年，禮密臣通過測驗，從一千五百名競爭者中脫穎而出，成為培利北極探險隊（Peary Northpole Expedition）的八名成員之一。他在格陵蘭的極圈地帶待了十八個月，與風雪一起生活，和拉橇的狗群在極地奔馳。在一次致命的風暴中，禮密臣不惜冒著攝氏零下六十二度的惡劣天候，伸出援手營救同伴，可惜熱血不敵冰雪，酷寒凍壞了左腳。一八九四年三月二十二日，禮密臣在日記裡寫著：

> 度過了一個惡劣的夜晚，今早吹起陣陣狂風，我認為這是一個好兆頭，早上醫生檢視了我的腳，發現從左腳跟往上快到關節骨一帶的皮膚都凍傷了。……當然，就在隊長告訴我必須立刻折返就醫時，我的萬丈雄情一下跌落谷底。過去九個月的準備工夫和熱情的期待瞬間化為烏有。[37]

禮密臣抱著遺憾退出探險隊，左腳終身微跛。

難得機遇臺灣行

從北極撤退返回美國途中，禮密臣得知亞洲爆發清日戰爭，人還在船上卻已決定前往日本。一八九四年八月一日，滿清發布宣戰詔書，戰爭正式展開。當年十二月禮密臣以多家報章雜誌的特約通訊員身分來到日本，包括《紐約前鋒報》（The New York Herald）在內的九家美國報社、十四家通訊社[38]，還有上海的英文報紙《北華捷報》[39]。

戰爭期間，隨手一抓都是消息，真假難辨。有消息指出日本即將進軍北京城，不少記者打算動身奔赴即將遭受戰火延燒的中國首都。禮密臣本來也要跟進，但《紐約前鋒報》的知名記者柯克瑞爾上校（Col. John Cockerill）得知臺灣和澎湖才是日本的目標，建議禮密臣這個初到東方的媒體新手悄悄動身趕往臺灣，愈快愈好[40]。

這項情報後來證實為真。禮密臣做出與在日本守候的記者不一樣的決定，捷足先登，也是唯一一位來到臺灣，在接下來一段相當長而重要的時間裡，成為那一場東方海島戰爭中唯一通向西方媒體的訊息來源。

德衛生的彩色海報

一八九五年三月二十三日禮密臣從淡水登陸，當時中國與日本還在商談馬關條約，臺灣人民非常焦慮，謠言滿天飛，有錢人爭先恐後逃往中國大陸。在淡水海關稅務司馬士的建議和引薦下，

禮密臣認為唐景崧「風度不壞，外表好看」。（引自禮密臣著《臺灣島》，頁二八〇）

禮密臣坐上轎子，行經大街，穿過城門，進了位於今臺北市延平南路上的巡撫衙門，依約拜會唐景崧。雙方哪一天見面不詳，但禮密臣生動描述了富麗堂皇的廳舍，也詳細紀錄了會談的內容，他認為六十歲上下的唐景崧[41]「風度不壞，外表好看」，還替他拍了一張照片。

禮密臣此行目的只有一個，他打算「申請可以參與任何軍隊行動、訪問任何軍官、進入任一砲臺、堡壘的證照」。他的請求獲得善意的回應，幾天後一張把他的名字寫成「德衛生」的「護照」送到他手上，萬一中日交戰「准其

隨同本署部院或在各營中遠處觀看」。禮密臣說，「那是一張大紙，上面寫著紅、藍、黑色字體，還蓋上大關防，遠看好像一張亮眼的彩色海報。」[42]

這張「亮眼的彩色海報」撐不了三個月就鮮豔盡褪。六月十五日，日本舉行「始政式」前兩天，禮密臣從率先登陸臺灣的近衛師團指揮官北白川宮能久親王手上接過來自東京的戰地採訪證[43]，此後他改以北部戰地記者的身分，在川宮親王提供的翻譯、助理及多名苦力陪同下，跟著近衛師團一路南進，直到日本控制全臺。

在騷亂不安的一八九五年，禮密臣擁有臺灣島上唯一一枚官方核發的記者證，可說是當時臺灣唯一一個來自西方的戰地記者。他先後帶著由臺灣巡撫和日本陸軍省核發的記者證，隨時上戰場觀戰採訪，誠如他自己所說，「從那時開始，所報導的都是我的親身觀察。」[44]

帶領日軍進入臺北城

一八九五年四月初，臺灣全島籠罩在極度的不安之中，英、德兩國分別派軍保護僑民。四月十七日馬關條約簽定，臺灣割讓給日本。五月，臺灣陷入無政府狀態，島內通訊幾乎中斷。五月二十五日臺灣宣布獨立，唐景崧獲推舉為總統。禮密臣全程目睹了當時的混亂。

五月底，日軍於臺灣北部海岸登陸。六月初，日軍攻打基隆。禮密臣以戰地記者的身分與臺灣守軍張兆連將軍來到北方的戰場，隨後張兆連受傷，禮密臣也離開基隆回到混亂的臺北府。

「六月五日凌晨兩點，民主國黃斑老虎捲起長尾巴，匍匐在地，餓死了。」[45] 禮密臣如此形容嶄新的臺灣民主國潰散的情景。唐景崧悄悄潛逃，他似乎在六月四日夜裡偷偷爬上德籍輪船鴨打號（Arthur）。消息一傳開，守軍的槍口砲口便瞄準停泊在淡水河港裡的鴨打號，群情激憤，卻沒有人知道大總統什麼時候用了什麼手段展現了這麼一記高超完美的隱身術。

臺北城徹底失序，平民百姓淪為脫序的士兵和暴徒隨時咬上一口的肥肉。六月六日清晨，德國砲船伊爾地士號（Iltis）開砲命中淡水砲臺，上午八點半鴨打輪載著一票臺灣民主國的達官顯要離港，乘客之中當然包括神隱了兩、三天的唐景崧。

局勢愈來愈嚴峻，臺北的外僑為了安全，只求日軍趕快進城鎮壓，眾人一致同意必須有所行動，主動派人通知日軍是最好可能也是唯一的辦法。禮密臣與英商湯森（G. M. T. Thompson）、德商烏利（R. M. Ohly）志願前往通風報信，就在唐景崧逃離後幾個小時，一行三人帶著隨從和武器踏出臺北城。

他們在水返腳（汐止）遇到當天上午從基隆開拔至此的日軍。禮密臣說明來意，日軍欣然同意，雙方共進晚餐。晚間七點，這一隊大約五百人的日軍在禮密臣等人陪同下開向臺北城，大隊人馬決定在城外兩哩處紮營，而非連夜進城，以免引發恐慌。隔天清晨，日軍先鋒部隊沒有遭遇抵抗，順利進入臺北城。

身為一名記者，禮密臣此舉是否逾越本分，又是否違逆臺灣軍民的意願，似乎不好斷定，但不可否認的是，他和幾個月後的麥嘉林都避免了無謂的死傷，讓無辜的平民躲過一場血劫。

臺灣民主國滅亡的紀錄者

六月十五日，禮密臣從日方取得另一張記者證，得以全程目睹臺灣民主國一步一步邁向覆亡的歷程。

六月十七日，日本在臺灣的政府正式成立。

六月二十三日，日軍進駐臺北南方三十英哩的新竹。

六月二十六日，劉永福在新首都臺南府成立第二共和。

六月二十七日，禮密臣參加日本南征軍。

七月，日本平定臺北府及新竹之間的抵抗。

七月三十一日，禮密臣隨著軍隊總部移師新竹。

八月，日軍繼續南進。月底，日軍攻下臺南府和臺北府之間的大城臺中。

隨著盛暑來臨瘧疾大為流行，日軍死傷不少，九月初又有幾個大颱風來襲，引發洪災，迫使日軍放慢南征的速度。

九月二十八日，禮密臣回到臺北。當時日本高島將軍正在整頓第二支南進軍。

十月初，日軍海陸兩路並進，海軍攻陷臺灣海峽的澎湖島群，再兵分二路，一路進攻安平，一路直指臺南府南方的打狗（高雄）。

十月十六日，打狗失守。

十月十八日，另一路軍隊攻到臺南府幾個小時路程外的郊區。

十月十九日，劉永福趁夜搭乘英籍輪船爹利士號離臺。

十月二十一日上午八時四十分，日軍進駐臺南府，臺灣民主國結束。

外交生涯大轉彎

戰爭結束一年後，一八九六年底，美國總統克里夫蘭（President Cleveland）任命禮密臣為美國駐臺領事代辦；一八九八年六月升任駐臺領事；一九〇五年受命擔任駐上海總領事，任內多次成功處理棘手的難題，獲得美國總統致函褒獎。

在一場亞洲傷寒的侵襲下，禮密臣不得不請假回國治療，航行途中他在日本神戶遇見未來的妻子道麗蓮（Lillian Dow），並且很快就看清擺在面前的處境，為了擄獲美人芳心，他明白中止輝煌發亮的外交生涯是唯一一條路。禮密臣做了一個不難理解但對一般人而言難以下手的抉擇，美國從此失去一位傑出的外交官，而加拿大得到一位滿腔冒險犯難精神的年輕人。[46]

一九〇七年，禮密臣在加拿大卡加利市定居，掌理皇冠木業（Crown Lumber Company），從事木材生意，當上「好馬路協會」（The Goog Roads Association）的首領，熱心開闢道路，費盡心思呼籲人們重視觀光事業的價值[47]。

禮密臣另一項著名的功績奠立於全心投入國際扶輪社。一九二六年，禮密臣獲得推選擔任國際扶輪社副總裁，協助希臘、巴勒斯坦、埃及、緬甸、印度、錫蘭及中國等國成立扶輪社。一九二八年起，禮密臣展開長達一萬三千英哩的環球之旅，遊遍歐、非、亞三洲，歷時三十二個月，在十一個國家開拓了二十二個扶輪社，貢獻斐然。

旅程結束前，禮密臣與妻女同遊闊別多年的臺灣，受到難以想像的熱情歡迎和貼心款待。殖民地當局沒有忘記近四十年前禮密臣在臺灣締造的功績，特別安排一整個星期的慶祝活動，讓他和家人免費搭乘火車，在臺灣各地準備汽車供他使喚。不過，禮密臣對在臺北籌組扶輪社這件事更加熱衷，在他離臺前往上海後，臺北扶輪社終於成為國際扶輪社的一員。禮密臣年輕時帶來日本軍隊，在璀璨的人生即將謝幕之前，又在臺北為扶輪社播下種子。

一九三三年七月十八日，禮密臣病逝於晚年定居的溫哥華。一年後，北美一個著名的馬戲團前往溫哥華巡演，在一個美好的夏日清晨，馬戲團成員相約來到禮密臣長眠的海景墓園，在悠揚的聖樂樂聲中，小矮人、大巨人、馴獸師、特技隊員和小丑低頭默禱[48]。他們把這場如馬戲表演般奇幻的追思獻給酷愛馬戲的禮密臣，而禮密臣的一生無疑也如馬戲般繽紛、炫目。

第一部外文臺灣誌

在禮密臣繽紛炫目的事蹟中，毫無疑問地，《臺灣島》是最耀眼的寶石之一。

一八九五年禮密臣初抵陌生的臺灣島，發現這座因戰爭而吸引世界目光的遠東島嶼，居然找不到一本通盤介紹的書籍，尤其絕大多數既有的文獻都不涉及天然資源和貿易商業。在臺灣進入歷史新紀元之際，禮密臣決定以「一貫的歷史觀點」就「斯土斯民的憂患盛衰」[49]下筆。

禮密臣在臺灣度過九年光陰，公餘之暇的心力幾乎全然傾注於《臺灣島》。一開始他向歐洲書商探詢所有與臺灣有關的書籍，總共蒐集了兩百多種文獻，有專書，也有小冊子、手稿，荷蘭

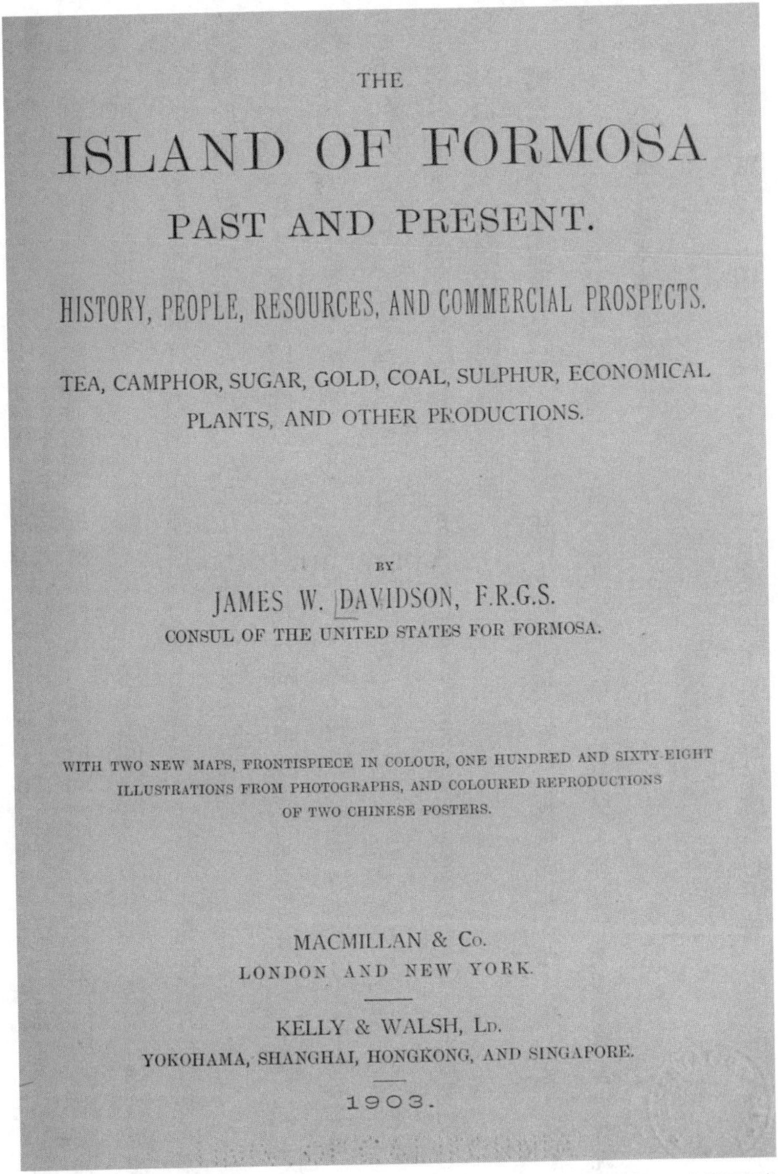

THE

ISLAND OF FORMOSA

PAST AND PRESENT.

HISTORY, PEOPLE, RESOURCES, AND COMMERCIAL PROSPECTS.

TEA, CAMPHOR, SUGAR, GOLD, COAL, SULPHUR, ECONOMICAL PLANTS, AND OTHER PRODUCTIONS.

BY

JAMES W. DAVIDSON, F.R.G.S.

CONSUL OF THE UNITED STATES FOR FORMOSA.

WITH TWO NEW MAPS, FRONTISPIECE IN COLOUR, ONE HUNDRED AND SIXTY-EIGHT ILLUSTRATIONS FROM PHOTOGRAPHS, AND COLOURED REPRODUCTIONS OF TWO CHINESE POSTERS.

MACMILLAN & Co.
LONDON AND NEW YORK.

KELLY & WALSH, Ld.
YOKOHAMA, SHANGHAI, HONGKONG, AND SINGAPORE.

1903.

《臺灣島》（The Island of Formosa, Past and Present）書名頁，禮密臣著，一九〇三年出版，是第一本關於臺灣各面向的外文著作。

文、英文都有，還有不少中文書籍。他聘請專人協助翻譯，親自挑選素材，去蕪存菁，還不辭辛勞實地踏查，前往「蕃地」試著認識、理解原住民，採集植物標本，測試某些植物的纖維強度，追根究柢查詢陌生植物的學名，深入樟腦、黃金、煤炭產區取得一手資料，透過各領域專家如伊能嘉矩的協助取得相關圖片。禮密臣的種種努力讓《臺灣島》成為一本全面性介紹臺灣的鉅著，儘管對於獨虎票的描述不脫早在一八九五年就發表的文章的內容。

一九〇三年，《臺灣島》問世，完整書名為「福爾摩沙島的過去與現在：歷史、人民、資源、與商業展望—茶葉、樟腦、蔗糖、黃金、煤礦、硫磺、經濟植物，以及其他產品」（*The Island of Formosa, Past and Present: History, People, Resources, and Commercial Prospects. Tea, Camphor, Sugar, Gold, Coal, Sulphur, Economical Plants, and other Productions*），全書七百七十六頁，一百六十八張圖片，兩幅精細地圖。

禮密臣夫人道麗蓮曾經在一封致家庭醫生的私信表示：「我想從此再也沒有人會以這麼多的時間和心力去寫像這樣的一本書。一九三〇年當我在臺灣的時候，那裡的美國領事告訴我說島上的日本人簡直把這本書當成聖經。」[50]

儘管成就非凡，卻不能抹除禮密臣一生及其著作明顯偏好日本的傾向，他一再提及日本人多麼勇敢仁慈，而中國人不過是一群無知、殘忍且無組織的人們。一八九五年臺日交戰，禮密臣全程經歷，近距離觀察，以一支活潑妙筆紀錄戰況，生動精彩，但筆鋒偏向日本而對臺人苛刻，以「敵軍」（the enemy）指稱義軍，卻以「我們」（we）、「我軍」（our troop）稱呼日軍，毫不掩飾親日的立場，甚至提及臺灣平民風俗時偶爾還語帶嘲諷。

儘管如此，《臺灣島》仍留下一百二十年前臺灣某些真實的斷面，包括獨虎票。

一隻虎的設計

獨虎票的圖版設計分成四個部分。

拆解獨虎票

首先是發行國家的名稱。

根據李明亮的研究，獨虎票有四個版本，外加一個試用版。毫無例外地，國家名稱安放在任一版本最上方，但試用版採用「民主國」[51]，第Ⅰ、Ⅱ、Ⅲ、Ⅳ版則為「臺灣民主國」。

郵票左邊有「士担帋」三個字，這是 stamp paper 的粵語音義合譯詞，「士担」是 stamp 的音譯，paper 是「紙」，

獨虎票的基本設計，圖為第Ⅲ版。

但改採異體字「乕」。郵票的右側為面值，單位是「錢」。剩餘的版面——也就是郵票正中間——安置了一隻動物，這隻動物一出現就大大引發猜疑。

A Republic Proclaimed

無論「民主國」還是「臺灣民主國」，在獨虎票上都由右而左排列。傳統中國文字書寫方向為從上至下由右而左，和今日橫式書寫由左至右的習慣不一樣。附帶一提，當時臺灣平民多為文盲，只有少數人受過教育，禮密臣就懷疑整個臺灣島上懂得「共和國」（republic）一詞涵義的不超過一千人。

嚴格說來，中文的「民主國」表示民主的國家，未必是歐美認知的共和國。根據黃昭堂的說法，「民主國」這三個字是滿清對共和國的官方稱呼，當年中國與法國在越南戰爭，在對法國交涉以及官方文獻上都稱法國為「大法民主國」，可見「民主國」三個字在中國雖不是陌生字眼，但顯然未獲充分理解。

獨虎票的郵戳有兩款，字樣都是英文，而且採用不一樣的英譯，一是 FORMOSAN REPUBLIC（福爾摩沙共和國），另一個是 TAIWAN REPUBLIC（臺灣共和國）。大清海關末代淡水稅務司馬士在〈夭壽的共和國〉（A *Short Lived Republic*）[52]一文採用「福爾摩沙共和國」，禮密臣也是。其他許多人則選擇「臺灣共和國」，藍厚理（H. J. Lamley）在討論中國近代史時就採用「臺灣共和國」。

一八九五年五月二十七日倫敦《泰晤士報》刊登臺灣民主國獨立的消息（全文如附錄一），標題為「福爾摩沙宣布成立共和國」（A Republic Proclaimed in Formosa），並未提到正式的國家名稱。幾天後，五月三十一日的《香港日報》第二版有一篇〈臺灣之動亂〉（The Rebellion in Formosa），說「共和國宣布獨立」（Declaration of the Republic），對於國名同樣隻字未提。

音義合譯士担帋

獨虎票很可能是古今中外唯一在票面上使用譯文的郵票。

郵票左邊的「士担帋」向來公認是英文 stamp 的音譯。「郵票」這兩個中文字的組合早在臺灣民主國之前即已存在，一八八五年，清朝發行中國第二套郵票「小龍郵票」，其中有些加蓋「臺灣郵票」四個字，可見「郵票」在中國不是陌生的詞彙。

有人說郵票創始人麥嘉林是英國人，所以採用音譯。既然發行國名和面值使用中文，何以

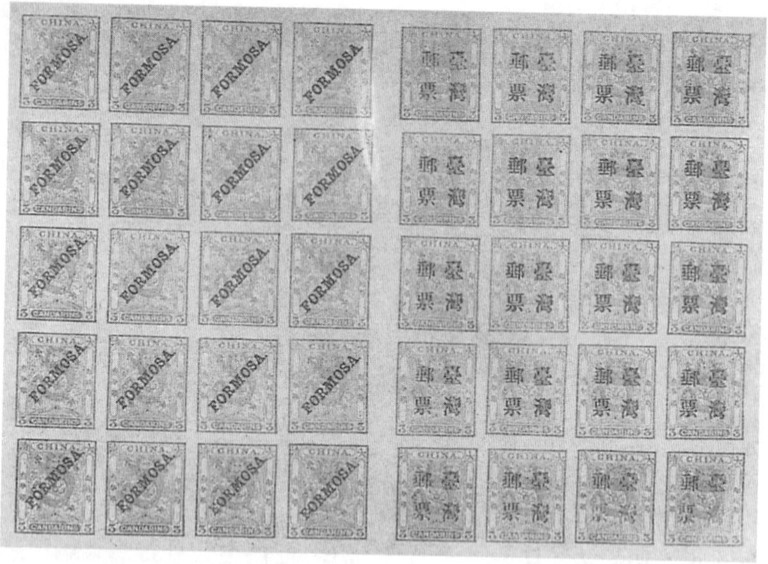

清代小龍郵票加蓋「臺灣郵票」字樣，可知「郵票」不是陌生的詞彙。

一八八八年臺灣龍馬票，右側有「大清臺灣郵政局」字樣。

香港「印捐士担」

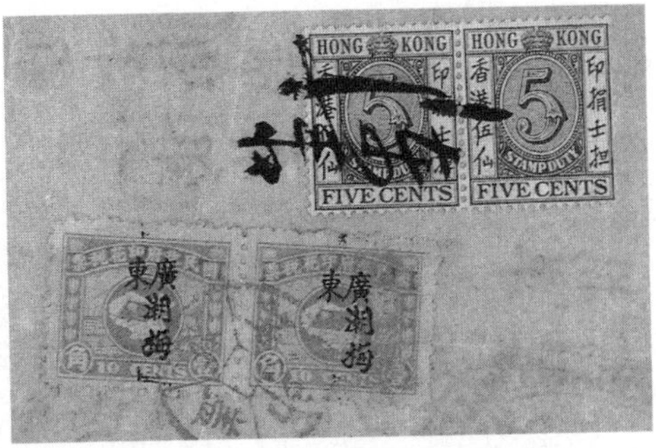

商券背面貼有「士担」並銷印，表示某種稅負已付。

「郵票」採用譯文？臺灣民主國之前的一八八八年，臺灣發行龍馬票，其上有「大清臺灣郵政局」字樣，這一款著名的郵票也沒有使用音譯文字。

或謂劉永福是廣東人，所以採用「士担」兩字。這種說法毫無說服力，因為郵票是印來在臺灣使用。

前文提及「士担帋」不等於stamp，而是stamp paper。為什麼不用stamp的音譯「士担」呢？廣義的stamp是指一種票據，代表一定的金額，某一種已付的稅，或某一種已盡的義務，在這種情況下，stamp可以指稱多種票據，郵票、稅票，護照上的票等都是stamp，經常做為某一種稅已經完付的憑證。這種使用法在郵政史上並不罕見，譬如香港有「印捐士担」，而這個見解強烈暗示獨虎票可能為了稅捐而誕生。

麻煩的「錢」

郵票右側為面值，右下角有一個「錢」字，其上則空白以供蓋印面值。無論哪一個版本，每一套獨虎票各有三枚，面值分別為三十錢、五十錢、一百錢。必須注意的是，面值單位採用制錢的「錢」，而非官方制文的「文」，如一八八八年的臺灣龍馬票。

西方文獻經常把「錢」字譯成「分」（cent），其實不完全正確。禮密臣在文章裡就把獨虎票的面值寫成三分、五分、十分，而非三十錢、五十錢、一百錢。

二十世紀初，臺灣的貨幣制度非常混亂。除了大陸的各種銀幣制度，臺灣本地也有多種貨幣，其中不少以「錢」為單位，而貨幣以銅鑄成，稱為銅錢，當年臺灣就同時存在各種銅錢[53]。銅錢的「錢」遠小於銀兩的「兩」。眾所周知，一斤十六兩，一兩十錢，一錢十分，一分十釐。假設獨虎票的「錢」指的是十分之一兩的「錢」，則三十錢、五十錢及一百錢分別相當於三、五、十銀兩。

以二〇一八年九月十三日國際銀價即時價位為例，一盎司國際銀價約為十五．四三美元，約當新臺幣四百七十三元（匯率三十．六七三），即每臺兩白銀值新臺幣五百七十元，若不考慮其他影響因子，則一百二十年前一枚相當於三兩白銀的三十錢獨虎票，僅僅面值就超過新臺幣一千七百元。對於一枚郵票而言，這個數目顯然貴重到超乎常理。由此可知，獨虎票上的「錢」指的應該是銅錢的「錢」，而非重量單位十分之一兩的「錢」，至於是何種銅錢則不得而知。

此外，獨虎票的面值版模是另一個獨立的版模，當郵票主要部分印製完成後，面值再同樣以手工如印章般蓋在預留的空位，以至於面值在郵票上的位置難以固定，色彩濃淡也和郵票的主要圖樣不一致，偶爾還遺漏或倒印。

松鼠？還是抽筋小貓？

最後是郵票中央的圖案，如今我們知道那是一隻老虎，但為什麼是老虎，麥嘉林沒有說，吳質卿也不曾提及。

獨虎票的老虎圖樣實在過於拙劣，以至於一開始沒有人猜得出究竟是什麼動物。英國《史丹利．吉本斯郵票月刊》一八九五年十一月號曾指出有人搞不清楚那究竟是老虎還是松鼠：

……當中有一個圖案，可是我們不知道這個圖案所代表的是龍、松鼠、風景抑或其他事物。甚至於那一方為上，那一方為下，也無法得知。

到了下一期才說「圖樣的中心是要表示一隻老虎」。幾年後，還有人相信那是一隻面部表情非常兇猛的龍，其下有一隻驚慌奔逃的動物[54]。

有人甚至認為那個圖案是蝴蝶[55]，一隻抽筋的小貓或阿富汗貓[56]。姚錫光在《東方兵事紀略》提到這隻動物，他認為那是一隻老虎；目睹臺灣民主國的建立以及覆亡的馬士，在致英國郵學會（British Philatelic Society）會長美爾微爾（F. Melville）的信中提及這個圖樣的確是一隻兇猛的老虎[57]。禮密臣注意到那是一隻老虎，但尾巴大得不成比例，佔去很多空間[58]。

當然也有人不認為這個圖樣是一隻老虎，因為臺灣沒有老虎，但只要理解中國郵票上的龍不但不產於中國，更是一種不存在的動物，就會同意上述見解毫無說服力。對中國人而言，動物是一種象徵，是否真有其物一點也不成問題。

老虎所在的地面難以辨認。在最初的試用版，老虎好像站在草地上，到了第I版，地面變得複雜，有人甚至認為那是浮動的海草，到了第II、III版，地面又恢復原樣。

額頭王字鐵證無誤

這隻動物之所以是老虎的另一個重要證據是額頭上的「王」字。在中國，老虎是百獸之王，畫虎時往往在前額描上一個「王」字[59]，這個「王」字在第Ⅱ、Ⅲ、Ⅳ版都可輕易辨認。

這隻令人費盡疑猜的動物是一隻老虎，還可以從臺灣民主國的國旗得到有力的佐證。前文一八九五年五月三十一日《香港日報》第二版的報導提到臺灣民主國國旗上有一隻老虎（……the new flag, a yellow tiger on a blue ground……），為了表示臣服於清朝，所有有龍的旗幟都遭到銷毀，而代之以虎旗（A tiger was adopted on the design for the flag. The dragon flag has been everywhere destroyed and the tiger flag has been hoisted in its stead.）。

連橫指出老虎是臺灣民主國的象徵，而這個象徵也用在郵票上。馬士在一九一九年談到臺灣歷史時，提及臺灣民主國的國旗是藍地黃虎旗，這一隻老虎有一條很長很威猛的尾巴在空中揮擺，這條尾巴有八至十尺長，馬士甚至說他擁有唯一一面遺留於世的臺灣民主國國旗[60]。

威武的臣服

臺灣民主國其他的官方文件也經常見到類似的虎像。

臺灣民主國政府發行過幾次銀票，如臺南官銀票，這些官銀票上蓋了很多印章，其中一枚有一隻老虎，很像郵票上那隻。這一枚印章長四．七公分寬二．六公分，下半部是一頭站在草坪上的老虎，極似獨虎票第Ⅱ、Ⅲ版，老虎肩膀上和腿上的漩渦類似試用版，尾巴則介乎第Ⅰ、Ⅱ版之間。這些官銀票在獨虎票之前發行，因此郵票的老虎圖案可能只是匆忙決定沿用虎印的結果，未必經過縝密的考量。臺灣民主國晚期還發行過兩種銀票，一種是五百文的官銀票，另一種是所謂的股份票，其上都有老虎印記。

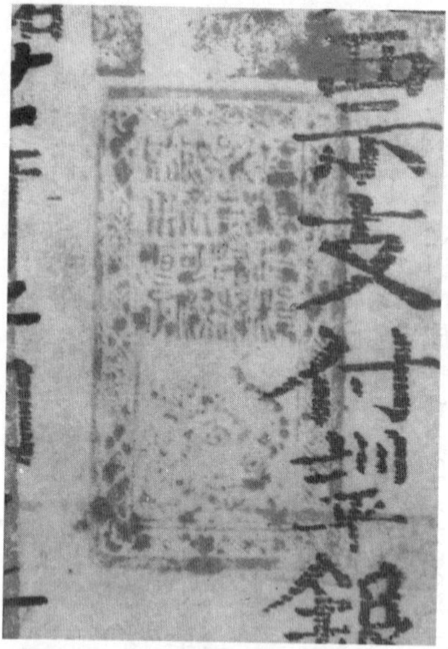

臺南官銀票（局部）也蓋有虎印

李明亮先生藏有一幅虎像，出自道光年間的畫家曾茂西之手。畫中的老虎坐在小丘上，尾巴向上翹，與獨虎票上的圖樣極為相

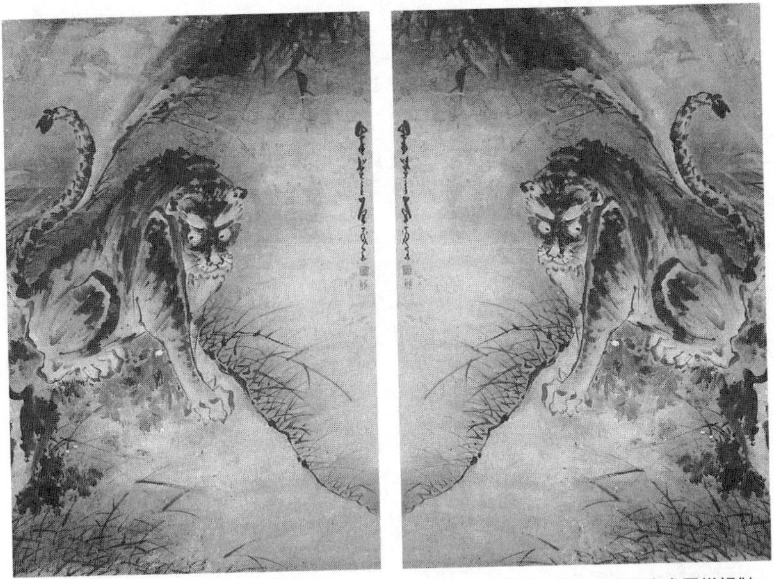

清朝中葉畫家曾茂西的虎像，左圖為原件，右圖為左右相反的鏡像，與獨虎票的老虎圖樣相似。

似，不過正反互異，有如鏡像。

為什麼老虎會被當成「國獸」？在中國傳統裡，龍虎都是勇猛的象徵，如勇猛之鬥稱為「龍虎之鬥」。龍一向是中國皇帝專屬的圖騰，即使清日簽訂和約逼使臺灣不得不自尋出路，「永戴聖清」的臺灣民主國也不能僭越。

在天為龍，在地為虎，虎次於龍，但仍象徵威武。這頭臺灣並未孕育的猛獸似乎具備了臺灣民主國所需的精神要素。

獨虎票何時發行？數量多少？

由於缺乏官方記錄，獨虎票的發行日期與數量至今不明。

在很多與中國集郵相關的記錄裡，一八九五年七月三十一日最常被認定是獨虎票的發行日[61]。可是臺灣民主國的郵政服務要到十天後的八月十日才被提及，所以一八九五年七月三十一日不可能是發行獨虎票。

大柴峰吉看走眼

這個錯誤的源頭是日本集郵家大柴峰吉，他引用禮密臣一八九五年十月三十日刊登於《香港日報》的文章，誤將出刊日期看成十月三日，而麥嘉林在一八九五年十一月十六日的《香港日報》明確指出第I版郵票使用九個星期，於是大柴從十月三日往前數九個星期，得出獨虎票發行日為七月三十一日的結論。往後數十年，「一八九五年七月三十一日」就一直被當成獨虎票的發行日，尤其是中文文獻。

一九八八年，這個明顯的錯誤存在超過六十年後，臺灣收藏家張敏生才指出大柴的錯誤，認為正確的發行日期應該在八月中旬[62]。

一八九五・八・十

臺灣民主國抗日期間，來自大陸的吳質卿跨海做了劉永福的幕僚，他留下一本簡短的《臺灣戰爭日記》。

一八九五年八月十日（農曆六月二十日）這一天，吳質卿說麥嘉林提議發行「士担帋」；姚錫光的《東方兵事紀略》也說，八月十日麥嘉林提議籌辦郵政服務。臺灣民主國創建郵政系統首次被提及是在八月十日，這是可以確定的，因此獨虎票的發行必晚於八月十日，文獻上記載第I版郵票有八月三日的郵戳，可能只是筆誤[63]。

目前僅知的唯一一個打狗海關獨虎票銷印，日期一八九五年八月十六日。

只有「民主國」三個字的試用版獨虎票從未公開上市。

一八九五・八・十六

獨虎票最初的版本為試用版而非第I版，儘管試用版從未正式發行。

目前已知獨虎票最早的郵戳日期是一八九五年八月十八日星期天，不過在此兩天之前有第I版三十錢「打狗海關」的銷印[64]，因此第I版郵票的發行日應當介於八月十日至十六日之間。

這段期間有幾件事情必須發生：一、製作試用版版模；二、印製試用版郵票；三、檢閱試用版郵票；四、放棄試用版郵票；五、製作第I版版模；六、印製第I版郵票。

以上一系列事件各需時間，因此第I版的發行日即使不是八月十六日，也非常接近八月十六日。當然，同時製成試用版與第I版版模，同時印成兩種版本郵票，最後捨棄前者發行後者的可能性也不能予以排除。

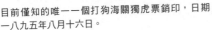

第I版，伍拾錢。

何以第一個郵戳來自「打狗海關」而非「安平海關」，而且只出現一次，這是值得探討的。有一種可能，那就是第I版的版模在打狗附近打造，就地試印後才送到臺南府。或者有個好奇的集郵家在打狗海關工作，此人知道如果把罕見的郵票在一個不尋常的地方做成首日封，則此首日封將是孤品。

總之，大致的結論是：一八九五年八月十六日星期五是第I版獨虎票最可能的發行日期，這與張敏生所提八月中旬的說法非常接近。

值得一提的是，麥嘉林曾估計第I版郵票約使用九個星期，而九個星期可以視為八個半到九個半星期。如果從臺灣民主國結束那一天往前追溯八個半到九個半星期，則此期間落在八月十六日至八月二十二日，合乎推測的八月十六日。

第II版，伍拾錢。

第II版發行日不明

相形之下，第II版及第III版的發行日期就難以斷定。唯一可確定的是，在第I版與再版之間曾嘗試製造較佳的版模，可惜並未成功，目前看到的第II版極可能就是再次失敗的版本，而其發行日必先於第III版。第III版之所以存在是因為第II版品質欠佳，緊急從廣東運來第III版版模繼續印製，所以第II版發行日一定早於第III版數日，可能在八月底，至遲不超過九月初。

《香港郵刊》每月一日上市。一八九五年九月號《香港郵刊》首次描述獨虎票，但只提到一個版本。郵票發行的消息必須事先送達編者手上，經數日編寫排印，才來得及刊登在每月一日上市的《香港郵刊》，儘管如此也無法排除第II版在八月底發行的可能性。

此外，由於第II版極其稀有，根據郵戳日期來推測郵票

第III版，伍拾錢。

的發行日不盡可行，根據蘭恩[65]的說法，已知第II版最早的郵戳日期是九月七日，而這應該比真正的發行日期遲了一段時間。

一八九五・九・四

第II版數量極少，以至於連麥嘉林和禮密臣都沒有注意到，他們所謂的「第二版」其實是第III版。

麥嘉林指出「第二版」使用五個星期。如果從臺灣民主國結束的十月二十一日往前追溯四個半到五個半星期，即得出第III版發行日介於九月十二日至九月十九日。目前可見第III版最早的郵戳日期為九月四日，因此第III版可能在此之前就已發行，若接受九月四日為第III版發行日，那麼就與麥嘉林暗示的日期相差七天之久。

或許用來推測發行日的基準日可以再行考量，例如不以

第Ⅳ版，伍拾錢。

臺灣民主國結束當天（十月二十一日），改採打狗陷落的十月十五日[66]為追溯基準日。

十月中旬起，日軍逐漸進迫臺南府城，郵政機構可能在臺灣民主國結束前幾天就停止運作，特別當打狗陷落後。如果將十月十五日而非十月二十一日當成郵政服務的最後一天，往前追溯四個半到五個半星期，則為九月七日至九月十三日之間，如此九月四日或許就是第Ⅲ版的發行日。

若將臺灣民主國郵政服務的最後一天設為十月十五日，並用來推算第Ⅲ版發行日，則其他版本也應比照，如此第Ⅰ版發行日會介於八月十日至八月十六日，前文推得的八月十六日仍然適用，同時也可以解釋第Ⅰ版與第Ⅲ版最早的郵戳日期。

至於第Ⅳ版，不僅從未使用，是否應該存在更是一個未解的懸案，因此似乎沒有必要深究第Ⅳ版何時發行。

總而言之，第Ⅰ版於八月十六日發行，或在此一、兩天前；第II版在八月底（雖然不大可能，可能在九月初）；而第III版在九月四日或之前數日發行。

第I版約八千套

獨虎票的發行量也沒有官方記錄可考。

麥嘉林在《香港日報》的報導中沒有說明發行的數量，儘管提及使用獨虎票的信件數量。最早提到發行數量的是當時的英國人E。他在臺灣民主國結束前十一天（一八九五年十月十日）從臺灣寄出一封信，信上說第一版（第I版）發行兩千套，且已銷售一空。然而已知第I版郵票的銷印至遲在十月十五日，此外市面上也還找得到第I版新票，甚至尚未使用的全張。這些沒有用過的郵票可能是當年臺灣民主國結束以後郵局所遺留者，根據記載，日本軍隊於戰爭結束時搶奪郵局，剩餘的郵票則落到禮密臣手上。文獻也記載臺灣民主國結束前不久，某位紳士到郵局收購剩餘的郵票，並要求郵局銷印[67]。因此，第I版在十月十日之前售罄的說法不可盡信，至於「兩千套」是過份低估的發行數量。

麥嘉林在《香港日報》指出使用第一版郵票的信件有九二五六件。每一套獨虎票有三種面值（三十／五十／一百錢），九二五六件郵件至少需要三千一百套郵票，並非每一封信都必須貼用一整套郵票，因此發行量必定多於三千一百套。

一八九六年一月號《澳洲集郵》記載第I版發行七、八千套，而禮密臣與麥嘉林商討後表示第I版不超過八千套（參閱附錄七），禮密臣在《臺灣島》上也估計第I版發行數量為七千到八千套。一八九六年一月號《大英郵刊》首度報導臺灣獨虎票，指出發行數量兩千套，但二月號更正為七千五百到八千套。馬士在寄給美爾微爾的信上也用了八千套這個數目[68]。

因此，第I版發行七千到八千套應是可信的數量。

第II版數量如謎

第II版發行數量不詳。

如今第II版郵票甚為罕見，可能發行極少。在討論第II版的發行數量時應謹慎以對，因為早期文獻所謂的「第二版」其實是第III版。

第Ⅲ版一萬八千套，或者更多

英國人E在信中指出「第二版」發行五千套，而禮密臣在一八九五年十一月二十三日的文章裡（參閱附錄七）則記為一萬八千套，一九〇三年出版的《臺灣島》一書沿用同一數字。馬士估計「第二版」（第Ⅲ版）發行一萬二千到一萬五千套[69]，比禮密臣記載的少很多。

可惜的是，郵政服務創始人麥嘉林不但沒有記載第Ⅰ版的發行數量，連「第二版」（第Ⅲ版）也沒有記錄，只提到使用「第二版」郵票的郵件約八千件，同時指出很多「第二版」用於非郵政用途，言下之意是用來增加臺灣民主國的財源。

若粗略地將第Ⅰ版八千套加倍當成第Ⅲ版的發行量，則與禮密臣估計的「第二版」一萬八千套相去不遠。一萬八千套約為第Ⅰ版的兩倍，如今可見的第Ⅲ版遠多於第Ⅰ版，出現的頻率高於兩倍，主要是因為第Ⅲ版版模並未隨著臺灣民主國結束而銷毀，反被劉將軍的官員[70]暗中運出臺灣繼續印製。因此第Ⅲ版的發行量也是未知數，極可能遠遠超過禮密臣所說的一萬八千套。

獨虎票各版本的使用期間向來沒有定論。麥嘉林曾說「第二版」（第Ⅲ版）發行後第一版（第Ⅰ版）仍繼續使用，但並未指明使用到什麼時候。已知第Ⅰ版最後的郵戳是十月十五日，也就是

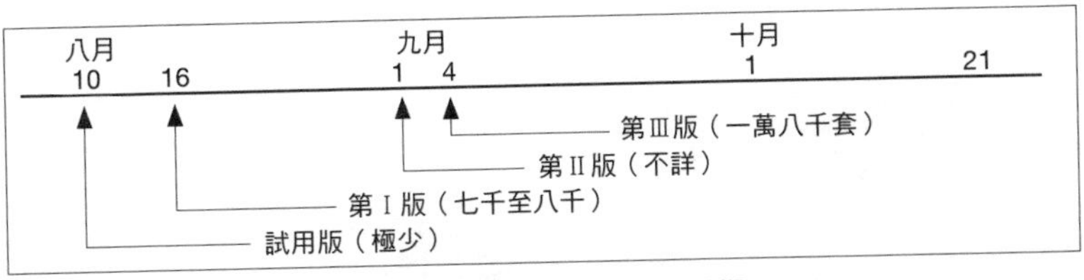

獨虎票第Ⅰ、Ⅱ、Ⅲ版可能的發行日期、數量及大約的使用時期。

打狗陷落那一天，因此第Ⅰ版至遲使用到臺灣民主國即將告終之際，那時臺灣民主國的郵政系統可能已經處於崩潰邊緣，不再提供服務了。

第Ⅱ版最後的郵戳日期是十月五日，第Ⅲ版是十月十六日，也可能是十月十九日。第Ⅳ版不曾使用，因為從未出現有郵戳的第Ⅳ版郵票或實寄封。第Ⅳ版印了多少是另一個不解之謎，可以想像的是，第Ⅳ版在臺灣民主國結束後仍繼續印製，但嚴格說來這些非官方的複印票可視為偽票。

一次搞懂獨虎票版本

獨虎票到底有幾個版本？
那一版是真品？
那一版又是偽票？
那一版是第Ⅰ版？
臺灣民主國滅亡後的複印票又是什麼？

獨虎票的版本跟它誕生的時代一樣混亂，幾乎所有的問題都沒有定論。同樣的情況也發生在外國文獻，指稱版本的用語有「die」、「issue」、「printing」、「reprint」……，獨虎票的版本討論因而愈加複雜。另外，西方人不熟悉中文，無法區分不同版本的漢字在形態上的細微差異，使得情況愈加混亂。

根據早期的文獻記載，獨虎票發行兩版，而所謂的「第二版」可以分成前後兩個版本，因此至少有三個版本。

為了避免與既有的文獻記載混淆，李明亮採用常見的Ⅰ、Ⅱ、Ⅲ、Ⅳ版分類法，但有所增益調整，第Ⅰ版之前還有一個不少文獻未曾提及的版本，暫且稱為「試用版」。除了試用版，每一個版本都有三十錢、五十錢、一百錢等三種面額。

試用版僅存三枚

在目前所知的第Ⅰ版之前，有一個極罕見的「試用版」，不知何故未被劉永福政府接受，從未正式發行也從未使用。

試用版以「當地」（應該是臺灣）製造的薄紙為材料，無齒孔無背膠，與第Ⅰ版極為相似，大小及高寬比也幾乎跟第Ⅰ版一模一樣。

試用版最明顯的特徵是發行國家名稱只有「民主國」三個字，其他每一個版本都是「臺灣民主國」。「民主國」左右兩側各有一個類似八卦的圖樣，其他版本則移到左下角及右下角，同樣的位置試用版各有一個斜「十」字。左側「士担帋」三個字的筆劃與第Ⅰ、Ⅱ、Ⅲ、Ⅳ版不同，尤其是「担」。試用版的老虎看起來正在跑步，其他版本的則似乎坐著，老虎所在的草地異於第Ⅰ

版，而與第Ⅱ、Ⅲ、Ⅳ版相像。

整體而言，試用版的虎像近似第Ⅰ版，尤其是虎尾，雖然較粗較短，但都呈N字形；表情樣貌也和第Ⅰ版類似，但下顎下方空白；虎身有兩個漩渦，一在肩一在臀；後方都沒有什麼背景

試用版目前只出現五十錢一種面值，紅色，略呈暗紅。沒有任何記載證明有三十錢試用版，至於一百錢亦無存留。試用版面值「伍拾」兩字與第Ⅰ版完全相同，由於獨虎票的面額是在郵票印妥以後才加蓋，因此試用版與第Ⅰ版的「伍拾」可能使用同一個版模。

市場上最後一次出現試用版郵票是在一九六五年十一月九日羅伯遜．羅（Robsob Lowe）拍賣會，品項之一「大衛收藏集（David's collection）」裡有一枚試用版郵票被當成「試樣」（essay）

試用版

第Ⅰ版

第Ⅲ版

如果割下第Ⅰ版的虎像，與第Ⅲ版的草地組合，就會得到一個近似試用版的虎像。

出售，根據《集郵標準手冊》[71]，「試樣」的定義是未被郵政當局接受的郵票圖樣。

麥嘉林及禮密臣在信件或其他文件皆未提及這一版郵票。馬士認為試用版郵票在發行前被取消了[72]。總之，殘留的試用版極少，馬士曾致信美爾微爾說世上只有三枚，而他擁有其中之一[73]。鄔德華德在鉅著《日本及其屬地之郵票》收錄一枚，聲稱舉世唯一[74]。蘭恩認為可能尚存兩枚，其中之一在臺灣[75]。

為什麼印得那麼少？或許只是試用，姑且印幾張試試看。至於是否因為少了「臺灣」兩個字才不被接納則不得而知，不完整的國名確實令人起疑，未獲接受是可以理解的。

第I版匆促登場

文獻上的第一版獨虎票，即麥嘉林在一八九五年十一月十六日的《香港日報》所稱的「臨時版」，李明亮將之定義第I版。

第I版郵票是臺灣民主國正式發行的第一套郵票，打算當成「臨時性」郵票，但用於其他用途也不無可能，當時進出臺灣的郵件都在安平海關處理，因此這一套郵票主要是在安平海關使用。

第Ⅰ版三十錢（上）、五十錢（中）、一百錢（下）

最早提到第I版的是一八九五年九月號《香港郵刊》，一則非常簡短的報導指出這一套郵票「使用的是當地（中國）很常見的紙張，面值三十、五十、及一百錢。雖然我們看過其中一些有郵戳，可是我們不認為這些郵票有很大的信譽。」禮密臣說，第I版郵票的版模在當地用銀鑄成，製作倉促，使用不久便遭熔毀（參閱附錄六）。雖然僅短暫使用，但透過現存的郵票可以發現版模損壞的跡象，可見品質確實低劣。

第I版獨虎票使用的紙張極薄，禮密臣說是「很薄的衛生紙」，和試用版一樣沒有齒孔也沒有背膠。上方「臺灣民主國」的「國」字較小，左側有「士担帋」，右側只有「錢」字，上方空白留給面值。左邊虎框有斷裂，右邊虎框也常見斷折。虎像極具特色，容易辨認：老虎坐在雜亂的地面，大概是草坪，表情溫柔，額頭上有菊花狀記號，兩隻耳朵大得不成比例，尾巴像N字，向上拋出，背景空白；虎身有兩個漩渦，肩膀上的是逆時鐘方向，臀部的則是順時鐘方向。

獨虎票的圖樣與面值分別蓋印，幾乎每一張郵票的面值位置都不一樣，倒蓋、漏蓋就是面值版模獨立存在的有力證據。面值版模與圖樣版模分離具有實際效益，無論面值分成幾種，圖樣版模理論上只要一個。每個面值版模應該有兩個字，如「參拾」，但一百錢郵票的「壹」與「佰」常常未對齊，若非面值版模損壞，就是由兩個各只有一個字的子版拼成。

第Ⅰ版的紙張極薄，幾可透光，被禮密臣形容為「很薄的衛生紙」

第Ⅰ版三十錢四方連，間距窄的窄邊型，帶有未修整的毛邊。

鄔德華德在著作裡收有兩枚第Ⅰ版變異票[76]，不但缺少面值，右下方的「錢」字難以辨認，與其他第Ⅰ版郵票還有兩個明顯的差異，一是郵票左側第三個字「帋」難以辨識，現存第Ⅰ版卻無類似現象；另外則是其中一枚內框（圍繞虎像的線框）完整，另一枚卻有斷折現象，而現存的第Ⅰ版也有同樣的折痕。雖然沒有前述兩枚郵票尺寸的紀錄，但其高寬比、內外框與虎框的相對大小及比例都和已知的第一版相同，表示它們使用的是和第Ⅰ版一樣的版模。

但這些差異是怎麼來的？李明亮以版模歷經一連串「演變」為前提，進行有趣的推測：一開始，虎像左框沒有損壞，但「錢」字沒有刻好，於是加以整修；整修過程中，虎像左框受損，

鄔德華德曾在書中上收錄兩枚十分罕見的第Ⅰ版獨虎票，不但缺少面值，右下方的「錢」字也難以辨認，由此也可證明面值為獨立版模。上圖左邊第三個字「帋」幾乎認不出是「帋」，但下圖已修正；此外上圖內框（也就是圍繞著虎像的框）完整，下圖卻有斷折的現象，而現存的第Ⅰ版也有同樣的斷痕。

「錢」字也沒修好；「錢」字再次修整，結果就是如今見到的第I版。這是合理又有趣的推理，可惜缺乏證據。

第I版郵票印得清楚的不多，尤其是面值三十錢者。第I版三十錢郵票為綠色，但有深淺之別，從淡綠、黃綠、一般的綠色、紫綠到黑綠都有，透過顯微鏡觀察以及化學分析，無論顏色深淺，顏料成分都相同，色調深淺是顏料多寡而非顏料不同所致。唯一例外是一枚少見的帶紫紅綠色郵票，其化學成分明顯異於一般，可說是第I版綠色三十錢變異票。

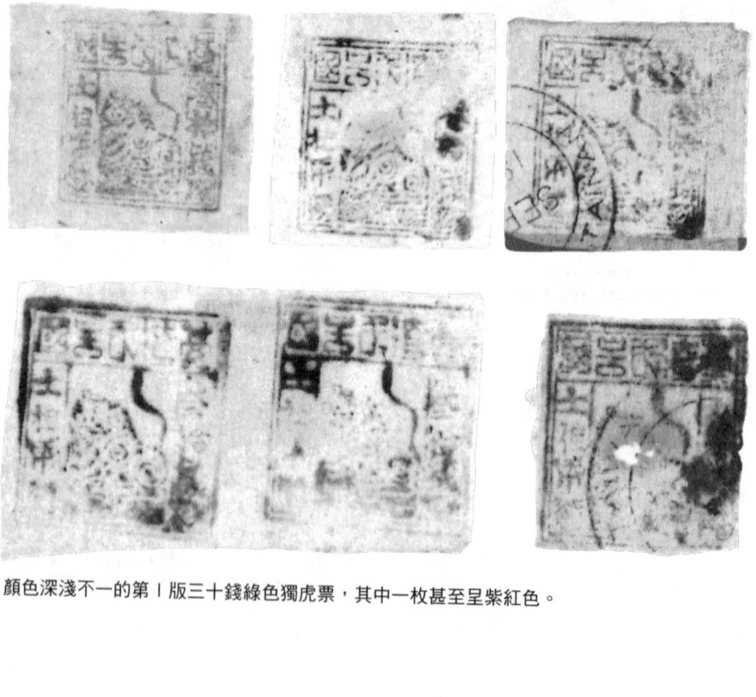

顏色深淺不一的第Ｉ版三十錢綠色獨虎票，其中一枚甚至呈紫紅色。

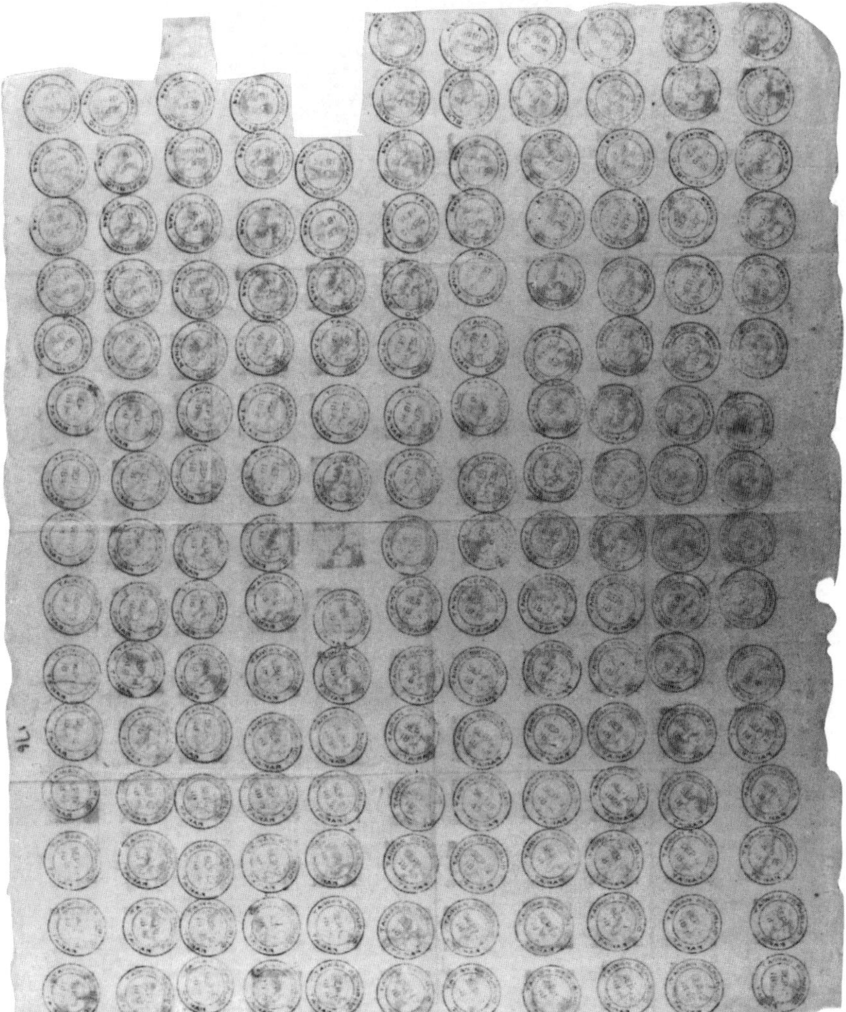

幾乎完全褪色的已銷印第Ⅰ版三十錢全張，中央有一枚漏蓋郵戳。

第Ⅰ版五十錢面值漏蓋

第Ⅰ版五十錢顛倒配對

五十錢為紅色，深淺各異，從淡紅、玫瑰紅到深紅都有。經化學分析發現不同深淺的紅色化學組成都是硫化汞（HgS），這是中國傳統紅色顏料最常用的原料。五十錢變異票有文獻上提過的褐色變異票（顏料化學組成不明）、面值漏蓋、倒蓋、顛倒配對、郵票斜蓋。

一百錢紫色，色彩深淺一致，經化學分析，未發現任何重要礦物成分，可能為有機顏料。變異票有面值漏蓋、倒蓋、「壹佰」兩字未對直、複印、顛倒配對。

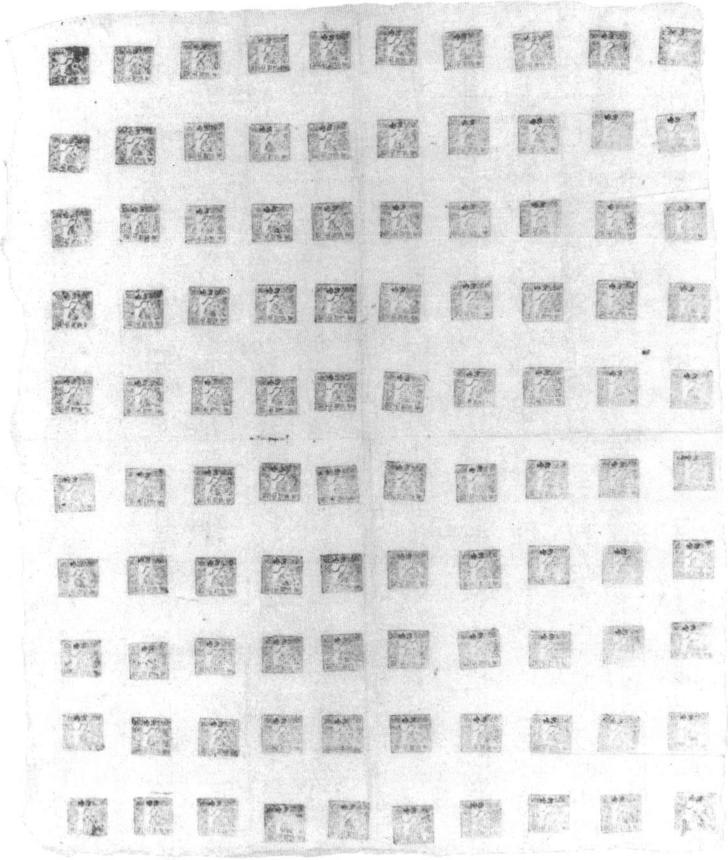

第 I 版一百錢全張

第 I 版一百錢面值倒蓋

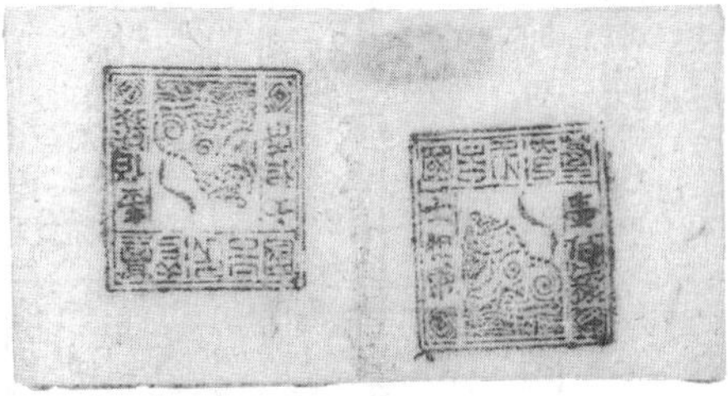

第 I 版一百錢顛倒配對

臺灣民主國的郵政系統使用兩種郵戳，大小不同，一般稱為「大圓郵戳」、「小圓郵戳」，兩種郵戳都曾用來為第I版獨虎票銷印，不過第II、III版郵票上的「半圓形郵戳」從未出現在第I版。

臺灣民主國即將結束時，有一個外國人到郵局收購剩下的郵票，並要求為這些郵票銷印[77]，有趣的是銷印日期為一八九五年九月十二日。九月十二日正值臺灣民主國中期，離滅亡還有一段時間，這個日期可能是隨意選取，不具特殊意義。最常見的第I版獨虎票銷印日期是一八九五年九月十二日，很多實寄封的郵戳日期都在這一天，或許貼的就是那批銷印日期為九月十二日的獨虎票，而這可能也是第I版郵票發行量遠少於第III版，實寄封卻遠多於第III版的緣故。至於實寄封是否真實，那是另外一回事。

集郵家也許沒料到臺灣民主國會印發郵票，所以第I版獨虎票很少流落到集郵家手裡[78]。臺灣民主國結束前不久，一八九五年十月十日，英國人E在發自臺南的信中說想買郵票，但郵票銷售一空。西方某些集郵雜誌也認為這些郵票被香港、廈門及福州的外國人買光[79]。E還說版模已被銷毀，與禮密臣說法一致。第一版版模在臺灣民主國結束前就不存在應可確定，臺灣民主國結束後複印票陸續出現，獨缺第I版，似乎就是佐證。即使如此，第I版的偽票卻不少。

第II版令人混淆

獨虎票第II版是試用版外最罕見的。

第II版爭議不斷，文獻記錄也極混淆。早期文獻曾記載「因為第一版印得不好，浪費許多材料及紙張，因此重鑄新版，使用不同紙張，但成效依然不彰[80]。」第II版可能是第I版之後嘗試製作更好的版模卻未竟其功的敗筆，由於改採更好的版模（第III版），因此第II版僅有少量成品。

第II版郵票數量極少，使用期間短暫，連創辦人麥嘉林或集郵家都沒有注意到。麥嘉林說獨

第II版三十錢（上）、五十錢（中）及一百錢（下）

虎票只印兩版；禮密臣也只認定兩版，他在《香港日報》的通訊中說紫色顏料告罄，大半一百錢郵票只好改用黑色顏料，但這是發生在第Ⅲ版的實際狀況。

臺灣民主國結束後不久，禮密臣出版了兩、三種郵摺，其中附有真票，有的是第Ⅰ版，有的是第Ⅱ版，就是沒有他提到的「第二版」（第Ⅲ版），儘管第Ⅲ版比第Ⅱ版多得多。禮密臣聲稱的「第二版」其實是第Ⅲ版，同樣地，文獻裡的「第二版」指的通常也是第Ⅲ版，尤其是早期文獻。

第Ⅱ版郵票確實存在的證據是第Ⅱ、Ⅲ版並存的「直雙連」，上為第Ⅱ版下為第Ⅲ版。這些罕見的直雙連取自全張，意味該全張上半部印的是第Ⅱ版，但沒有印完，繼續以第Ⅲ版版模蓋印。

第Ⅱ／Ⅲ版直雙連，上第Ⅱ版三十錢，下第Ⅲ版三十錢。

第Ⅱ版版模製作欠佳，線條或粗細不均或不明顯，又有斷縫，用了不久虎像左框就彎曲斷折。第Ⅲ版版模從廣州送達臺南後，立即取代第Ⅱ版版模，那些沒有印完的第Ⅱ版全張以新版模繼續印製，才會出現不尋常的第Ⅱ、Ⅲ版直雙連。由此可知第Ⅱ、Ⅲ版在時間上幾乎沒有間隔。

如同第I版，第II版獨虎票仍無背膠，但已有齒孔，其中不少為盲孔，印製品質多半還是低劣，比起第I版倒好多了。第II版圖樣最特殊之處在於虎尾很粗，成弧狀，且色彩時常顯得特別深，尤其是一百錢郵票。圖樣的線條一般說來粗而不清楚，內、外框粗細大約相同，內框上部及左邊有損壞斷裂的現象。第II版還有一個特徵，即虎像左框彎曲。

第II版的背景與第III版相似。有人說老虎背後有象徵竹林的線條，老虎額上有一個「王」字，不過看起來模糊不清，文獻記載「王」字只見於第III、IV版，其實第II版也有。如同試用版，老虎似乎坐在草地上。

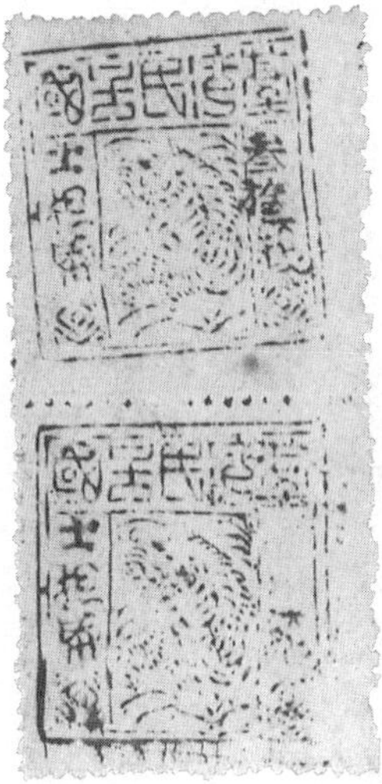

第II版三十錢直雙連，下面那一枚面值漏蓋。

第II版三十錢為藍色，被形容為容易褪色的雷奇特藍（Reckitt's blue）[81]，經分析為有機顏料，很可能是臺灣生產提煉的植物性藍染顏料，這種染料廣泛用於臺灣民主國時期的藍色布料。儘管文獻記載第II版三十錢藍色容易褪色[82]，李明亮發現並不盡然。變異票有面值漏蓋、倒蓋、複印、與第III版成對。

五十錢為紅色，顏色的成分也是常見的硫化汞，變異票有面值漏蓋、倒蓋、複印、虎像左框無損壞者[83]。

一百錢為紫色，部分紫色獨虎票如金屬般發光，尤其虎尾。文獻說其顏料為苯胺（aniline）[84]，以紫外光照射，紫色顏料不會發出螢光，經化學分析或顯微鏡觀察，無論有沒有亮光，結果都一樣，因此金屬光澤可能僅為顏料多寡所致。變異票有面值漏蓋、面值兩字未對齊。

第II版獨虎票只用過大圓郵戳，最早的郵戳日期是一八九五年九月七日，除了完整戳記，三十錢、五十錢及一百錢郵票都曾出現半圓形（不完整）郵戳。

第II版過渡色彩強烈，實際使用有限，可能因此才使得留世的實寄封極為稀少；此外，偽票相當罕見。

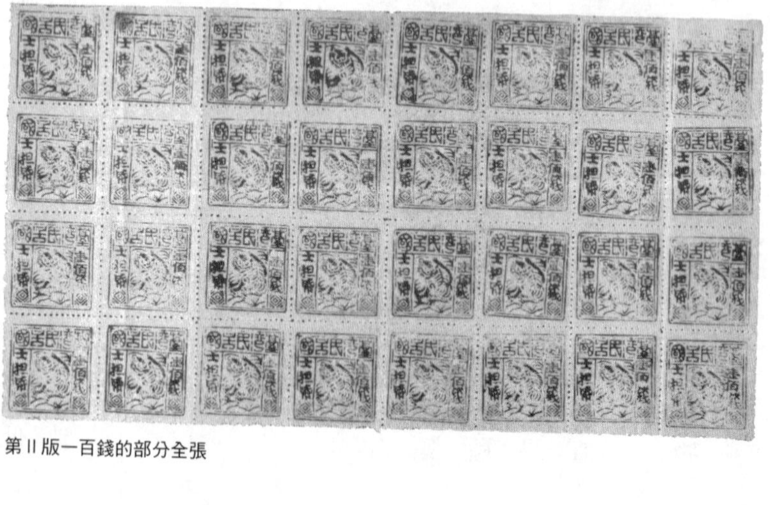

第II版一百錢的部分全張

左圖：第 II 版一百錢面值漏蓋；右圖：第 II 版一百錢面值「壹」、「佰」兩字未對齊。

已銷印第 II 版五十錢長方塊（四╳三），日期一八九五年九月十日。

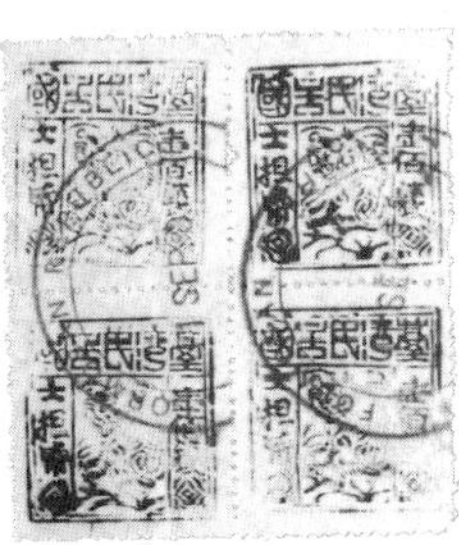

第 II 版三種面值都有半圓形郵戳，銷印日期都是一八九五年九月十一日。

第Ⅲ版三十錢（左）、五十錢（中）及一百錢（右）

第Ⅲ版最常見

有人說第Ⅱ版版模來自廣東，而第Ⅲ版在臺南製作[85]，這似乎不太可能。第Ⅲ版看起來相當精良，當年戰亂中的臺灣可能缺乏如此高超的技術。反觀第Ⅱ版，拙劣不亞於第Ⅰ版，或許第Ⅰ版與第Ⅱ版版模才是臺灣製造，而第Ⅲ版來自外地。

第Ⅲ版是最常見的獨虎票，據估計發行一萬八千套，大約是第Ⅰ版的兩倍，但出現的頻率比起第Ⅰ版遠遠不止兩倍。臺灣民主國結束前一、兩個星期，一八九五年十月中旬，有人警告獨虎票版模在劉將軍麾下官員手上，而他們明白郵票的潛在利益。戴維遜說版模並未隨臺灣民主國滅亡而消失，很多郵票會繼續發行（參閱附錄七）。所謂的「私自再印票」可能極多，而且難與真票區別[86]，如果也使用同樣的紙張，那就更難分辨了。

臺灣民主國滅亡前夕，日軍進駐臺南府，禮密臣取得一部分日軍搶來的郵票，後來貼在香港版及神戶版郵摺，有第Ⅰ版，也有第

II版，獨缺第III版。

第III版只用一個版模，卻採用兩種紙張，薄紙的第III（A）版和厚紙的第III（B）版。第III（A）版的薄紙與第II版相同，另外還有第II、III版並存的直雙連，都顯示薄紙第III（A）版先於厚紙第III（B）版。另一個第III（A）版早於第III（B）版的證據是，第III版印製期間紫色顏料用罄而以黑色顏料取代，而這個現象僅見於第III（B）版。

第III版獨虎票也沒有背膠。有的齒孔相當粗糙，禮密臣形容是用裁縫機打出來的；齒孔清晰的的第III版獨虎票並不常見。

第III（A）版與第III（B）版的圖樣設計無從區別，可能使用同一個版模。一般說來，第III版比第I、II版印得更清楚，外框比內框粗，四角較整齊方正。「臺灣民主國」五字清晰可辨，

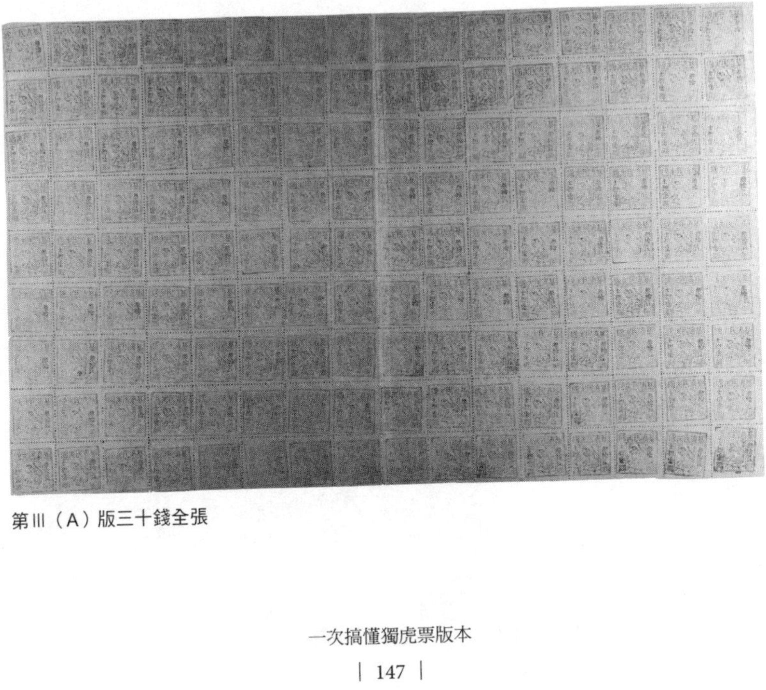

第III（A）版三十錢全張

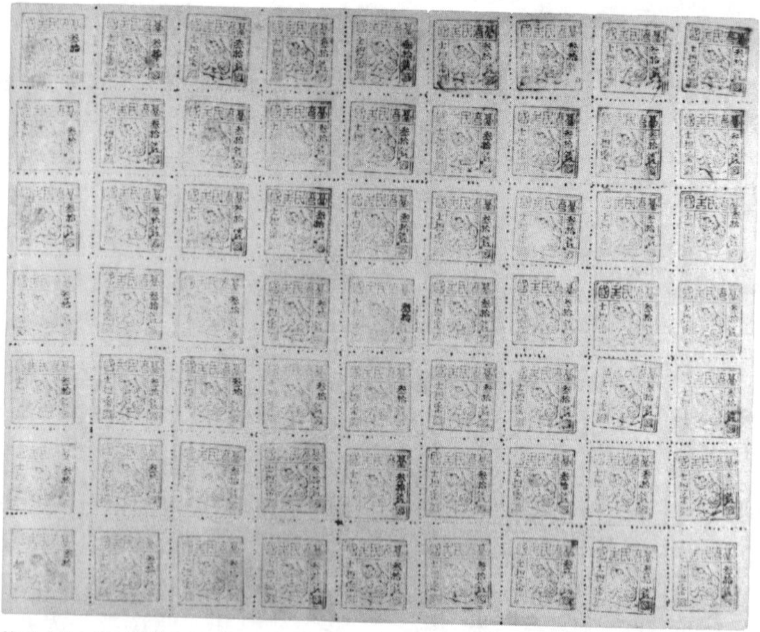

第 III（B）版三十錢全張，有許多盲孔。

第 III 版黑藍色一百錢

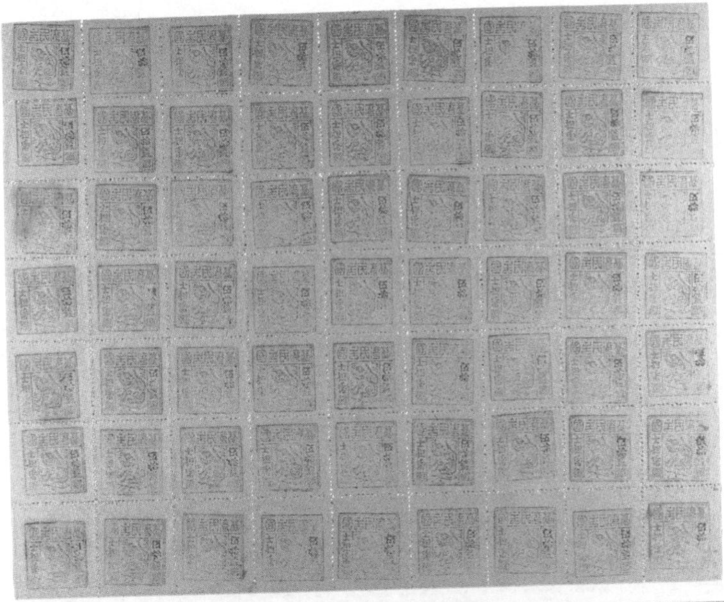

第III（B）版五十錢全張，有不少盲孔，從背面看尤其明顯。

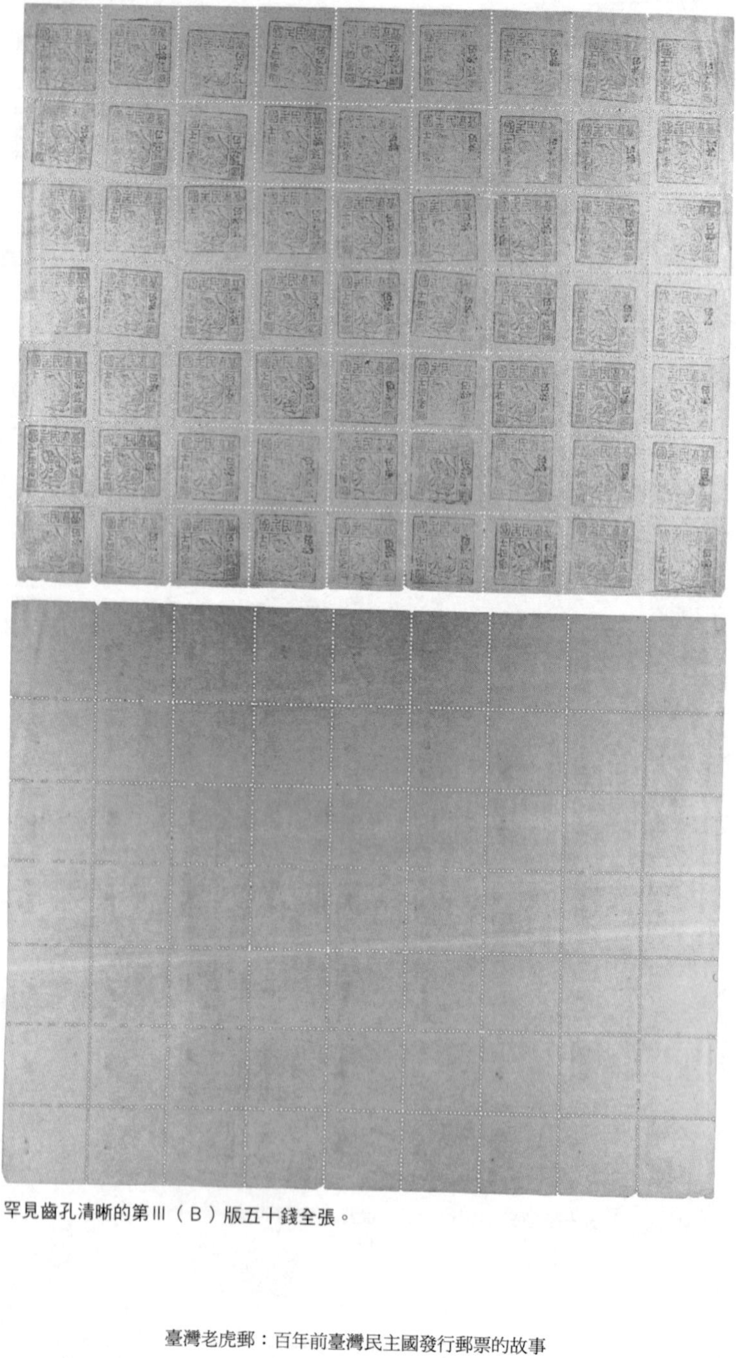

罕見齒孔清晰的第Ⅲ（B）版五十錢全張。

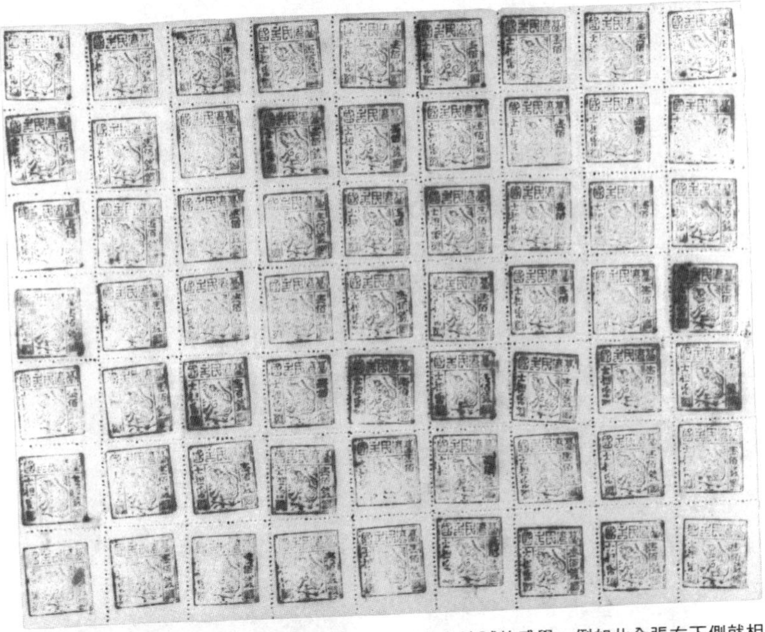

第Ⅲ（B）版一百錢紫色的深淺變化相當大，某些有油膩的感覺，例如此全張右下側就相當明顯。

「王」字左上方一劃有斷痕，是第Ⅲ版的特徵。虎框與虎的背景極像第Ⅱ版，第Ⅲ版圖樣最突出的特徵也是虎尾，略顯彎曲，介乎第Ⅰ版與第Ⅱ版之間。如同第Ⅱ版，老虎前額也有一個「王」字，更清楚更容易辨認。老虎明顯是坐著的，坐得比第Ⅰ版還挺直，與第Ⅱ版則有些微差異；所在之處與第Ⅱ版相同，可能在草地上。

無論薄紙版或厚紙版，第Ⅲ版三十錢藍色和五十錢紅色使用的顏料一致。但一百錢紫色就有別，第Ⅲ（A）版一百錢紫色與第Ⅰ、Ⅱ版的紫色都是有機顏料，不含金屬成分，而第Ⅲ（B）版一百錢紫色深淺變化

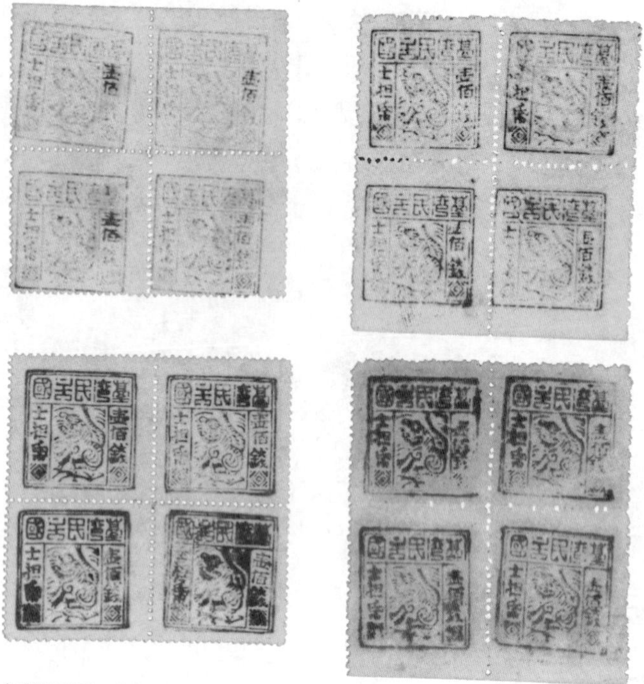

色彩深淺不一的第 III 版一百錢四方連。

面值漏蓋的第 III 版藍色，應為三十錢。

第 III 版五十錢跨蓋，完整郵票下方有條紅線，為另一枚郵票的上框。

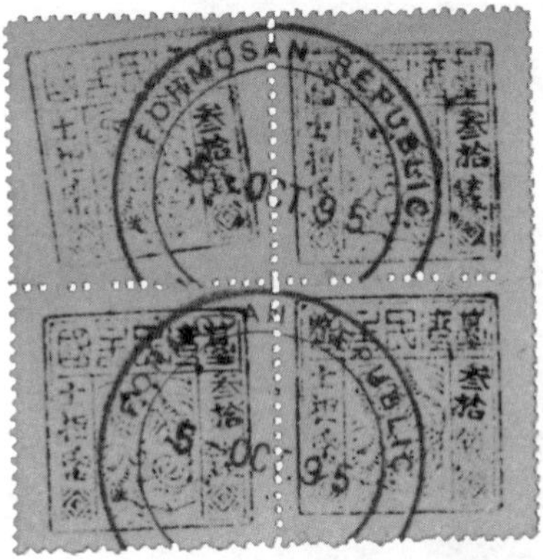

第Ⅲ版三十錢四方連半圓形銷印，銷印日期一八九五年十月五日。

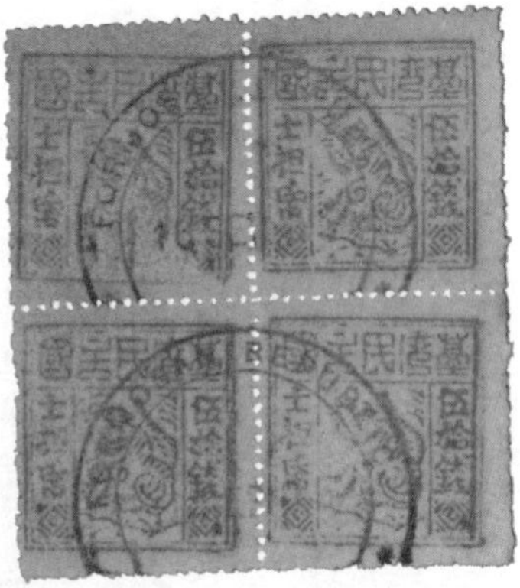

第Ⅲ版五十錢四方連半圓形銷印，銷印日期一八九五年九月十六日。

相當大，某些有油膩的感覺，看似淡黃色。整體而言，第Ⅲ版一百錢的顏色從較淡的藍黑、藍黑、深紫到油膩感覺的紫色都有。變異票也不少，面值漏蓋、倒蓋、郵票複印、跨蓋、正反兩面都印、缺少齒孔……等，不一而足。

第Ⅲ版郵票只以大圓郵戳銷印。「半圓形」銷印在三十錢與五十錢郵票上都可見到，一百錢郵票則無，但可能也存在。

第Ⅲ版郵票雖有許多存留於世，偽票卻也不少。此外，貼用第Ⅲ版郵票的實寄封少之又少，而且沒有一個可證實確實使用過。一九八一年，臺北舉辦「建國七十年郵展（ＲＯＣＰＥＸ）」，出現了兩件不尋常的第Ⅲ版實寄封，郵票無齒孔，戳記可疑，可能是精心製作的贋品。

貼有第Ⅲ版藍色三十錢獨虎票的中式信封，大圓郵戳銷印，日期一八九五年十月，確切日期無法辨認。

貼有第Ⅲ版全套郵票的西式信封，無地址。

一九八一年臺北 ROCPEX 郵展上有兩張不尋常的獨虎票實寄封，都有極罕見的第 III 版全套無齒孔郵票、大圓郵戳、上海欠資郵票、廈門「Local Post Agency」銷印及上海「TO PAY.」的銷印，兩者筆跡也相同（圖為臨摹稿）。

下表是文獻中各種版本分類法摘要，藉此可大致明瞭各版之間的關係及名稱沿革。

<table>
<tr><td>李明亮（一九九五）</td><td>試用版</td><td>第Ⅰ版</td><td>第Ⅱ版</td><td>第Ⅲ版</td><td>第Ⅳ版</td></tr>
<tr><td>麥嘉林（一八九五）</td><td></td><td>第一版</td><td colspan="2">第二版</td><td></td></tr>
<tr><td>禮密臣（一八九五）</td><td></td><td>第一版</td><td colspan="2">第二版</td><td></td></tr>
<tr><td>歐費爾（一九二四）</td><td></td><td>第一版</td><td colspan="2">第二版
第Ⅰ版　第Ⅱ版</td><td></td></tr>
<tr><td>大柴峰吉（一九二五）</td><td></td><td>第Ⅰ版</td><td>第Ⅱ版</td><td>第Ⅲ版</td><td></td></tr>
<tr><td>帕森（一九二七）</td><td></td><td>第一版</td><td colspan="2">第二版
第Ⅰ型　第Ⅱ型</td><td>重印版</td></tr>
<tr><td>鄔德華德（一九二八）</td><td colspan="2">第一版
第Ⅰ版　第Ⅱ版</td><td colspan="2">第二版
第Ⅲ版　第Ⅳ版</td><td></td></tr>
<tr><td>赫特（一九三五）</td><td></td><td>第Ⅰ版</td><td>第Ⅱ版</td><td>第Ⅲ版</td><td>第Ⅳ版</td></tr>
<tr><td>李文斯頓（一九四九）</td><td></td><td>第一版</td><td>第二版</td><td>第三版</td><td></td></tr>
<tr><td>賴建銘（一九五二）</td><td></td><td>第Ⅰ版</td><td>第Ⅱ版</td><td>第Ⅲ版</td><td>第Ⅳ版</td></tr>
<tr><td>蘭恩（一九五八）</td><td>第Ⅰ（A）版</td><td>第Ⅰ版</td><td>第Ⅱ版</td><td>第Ⅲ版</td><td>第Ⅳ版</td></tr>
<tr><td>李文斯頓（一九五八）</td><td></td><td>第Ⅰ版</td><td>第Ⅱ版</td><td>第Ⅲ（A）版</td><td>第Ⅲ（B）版</td></tr>
<tr><td>其他（包括大部分的中國集郵家）</td><td></td><td>第Ⅰ版</td><td>第Ⅱ版</td><td>第Ⅲ版</td><td>第Ⅳ版</td></tr>
</table>

第Ⅳ版應該存在嗎？

最具爭議的獨虎票非第Ⅳ版莫屬。早期咸信第Ⅳ版是真正的郵票，只是從未使用。有些集郵家一開始認為第Ⅳ版是官方正式郵票，接觸新資料後已不再作如是想。

第Ⅳ（A）版是最常見的第Ⅳ版獨虎票，由上至下依序為三十錢黃綠色、五十錢紅色、一百錢紫色。

損壞的一版

第Ⅳ版與第Ⅲ版差別在於前者的四個角有磨損，常被稱為「損壞的一版」[87]，這意味著第Ⅳ版與第Ⅲ版使用同一個版模，只是日久版模磨損。若此一推論屬實，則第Ⅳ版與第Ⅲ版除了外觀及四角有異，其他如郵票尺寸、圖樣設計等應該一致。

版模磨損非一朝一夕所致，利用部分損耗且損耗程度隨時間加劇的版模印成的郵票，應介於第Ⅲ版與第Ⅳ版之間。換言之，這些郵票呈現了版模損耗的進程，無法輕易與第Ⅲ版或第Ⅳ版區分。

獨虎票四個角不同程度的磨損，由上至下分別顯示沒有缺損到相當程度的缺損。

第Ⅲ版獨虎票的發行日期推估約在一八九五年九月四日，一直使用到臺灣民主國結束，官方發行期間前後約六個星期，第三版版模在所有版模中品質最佳，應該不至於使用六個星期就產生明顯的耗損。

臺灣民主國覆亡後，獨虎票版模下落不明，如果有心人握有版模，並且利用外流的紙張、顏料等官方原料繼續印製，那麼版模極可能在私印、盜印的過程中繼續損耗，結果就是今日所見各種缺陷不一的第Ⅳ版獨虎票。如果確定第Ⅳ版在臺灣民主國覆亡後才問世，則第Ⅳ版就是非官方的私自再印票，可說是「偽票」。

不尋常的交易

距今七十年前有一篇關於第Ⅳ版郵票的記載。

中國集郵家朱世傑在揚子江船上巧遇著名的集郵家賓斯船長（Captain R. A. Binns），後者對中國商埠郵票一向甚感興趣，包括臺灣早期郵票。

朱世傑如此描述這一次巧遇：

> 三十年前當我坐揚子江吳淞輪時，我遇到了船主賓斯船長，從他那裡我購買了臺灣民主國全張整套的郵票，每一全張有一百枚郵票，賓斯船長告訴我一些郵票過去的歷史，郵票上的面值是跟郵票同時印上去的（註：獨虎票的Ⅰ、Ⅱ、Ⅲ各版面值是在郵票蓋好以後再個別印上的），因此面值與郵票的顏色深淺一致，在這全張上我們也沒有看到面值漏蓋、倒蓋或是錯蓋的現象，像這種錯誤的面值，在Ⅰ、Ⅱ、Ⅲ版偶爾可以看到。當印製這些郵票時，民主國已經結束，因此這些郵票從來沒有被使用過。日本軍隊進駐臺南時，有一部分郵票被搶劫而流入市面。三十錢郵票是淡綠色，五十錢是褐黃色，一百錢是紫色，所用的紙張白而厚，每一全張有一百枚郵票。

關於這段描述，有幾點值得一提。首先，這篇文章發表於一九四七年，描述三十年前的往事。假設賓斯船長擁有這些郵票十年，則這些郵票大概在十九世紀末或二十世紀初即已出現，跟臺灣民主國時期相當接近，可以大膽推測這批郵票若非在臺灣民主國時期，就是在臺灣民主國結束後不久印製的。其次朱世傑對郵票顏色的描述，三十錢淡綠色，五十錢褐黃色，一百錢紫色，跟現在所知的第Ⅳ版郵票相似。這些郵票沒有被使用過，也和目前所知的第Ⅳ版情況一樣。因此賓斯船長轉讓給朱世傑的郵票可能就是第Ⅳ版。

版模下落不明

臺灣民主國滅亡前，謠傳劉永福將軍手下握有郵票版模（第Ⅲ版），他們深知手裡握著的是一棵搖錢樹。

臺灣民主國結束後，不少消息聲稱版模還在，而且為某些懂得如何利用它來賺錢的人所有[88]；有人警告版模還在中國人手上，要小心官模私印票[89]。劉永福奇蹟般逃離時，帶走私人物品、官印還有幾條狗[90]，吳質卿在《臺灣戰爭日記》上說劉把官印送還滿清皇帝，據此推測劉可能也帶走郵票版模。總之，似乎沒有人相信郵票版模隨著臺灣民主國結束而消失。

第Ⅲ版郵票大約印製一萬八千套，可是市面上可以輕易買到第Ⅲ版郵票，或許那些郵票並非官方發行而是私人印製。官模私印票與官方郵票幾乎無從區別，辨別第Ⅲ版和第Ⅳ版因此極為棘手。此外，透過化學分析和顯微鏡觀察，得知第Ⅳ版與第Ⅲ版所用的紙張一樣，這說明不只印模，連紙張可能也從官方流出。

第Ⅳ版郵票的色彩較其他版本淡，可能是戰爭末期顏料短缺之故。麥嘉林曾提及「第二版」（第Ⅲ版）一百錢紫色郵票因顏料短缺，約有半數以黑藍色代替，何以到了第Ⅳ版，紫色顏料再度出現？這些郵票或許是非官方人士取得紫色顏料後私自盜印的成果，根據科學檢驗分析，第Ⅳ

版紫色的化學成分與第Ⅲ版一百錢紫色一樣。

李明亮權宜分版

第Ⅳ版郵票是否真的與第Ⅲ版完全一樣？是否兩種郵票的圖案設計完全無從區分？

根據李明亮的觀察，兩者仍有差異。如果把這兩版郵票並排、照像、放大，再測量長短比例及外框、內框和虎框的相對大小，就可得知第Ⅳ版的虎框與第Ⅲ版差不多，但其他的都短少百分之一到百分之三。這或許是因為第Ⅳ版郵票使用第Ⅲ版版模，而版模經數次細微修整，正是在修整過程中或長久使用後，版模受到損耗，以至於郵票成品稍微「縮水」。

類似的細微差異使得第Ⅳ版獨虎票變得異常複雜，次版本紛歧，不像第Ⅰ、Ⅱ、Ⅲ版，除了變異票，整體而言堪稱單一。由於缺乏充足的資訊，研究者對第Ⅳ版見解分歧的程度不亞於郵票本身。透過詳盡的研究，李明亮盡可能梳理混亂的文獻記載，將所知的各種第Ⅳ版「暫時」分成五個次版，其中第Ⅳ（A）版最常見，第Ⅳ（E）版只有三十錢一種面值，這是一枚「不尋常的翠綠色變異票」，市場價格極高，儘管可能是盜印票或偽票。

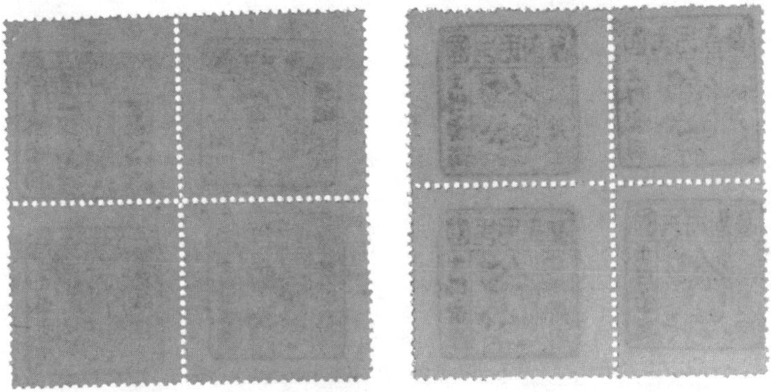

第Ⅳ（A）版三十錢綠色，顏色深淺差異十分明顯。

Ⅳ（A）

Ⅳ（A）是最常見的第Ⅳ版次版，也就是一般郵票目錄上記載的第Ⅳ版。由於郵票本身與面值的顏色無從區分，因此斷定兩者同時蓋印。郵票的四個角有損傷，每一枚的損傷略有差異，同一枚郵票四個角損壞的程度也不一致。這一版使用的紙張與第Ⅲ（B）版一樣，齒孔打得不錯，比第Ⅱ、Ⅲ版都好。

三十錢為綠色，但有兩種截然不同的綠色，一是淡綠，一是褐黃綠，前者是否為後者褪色所致不詳。之所以使用綠色大概是為了模仿第Ⅰ版綠色三十錢，而非第Ⅱ或第Ⅲ版的藍色三十錢。令人不解的是，臺灣當時有許多藍染顏料，為何不用極易取得的藍色呢？

五十錢至少有兩種紅色，一種與平常看到的第Ⅰ、Ⅱ、Ⅲ版五十錢一樣，另外一種看起來油膩骯髒。在顯微

圖左為常見的第Ⅳ（A）版五十錢紅色，圖右為外觀油膩的第Ⅳ（A）版五十錢紅色。

在紫外線照射下，油膩膩的獨虎票發出強烈螢光，另一則無。

鏡下，這兩種紅色看起來不一樣，經化學分析卻都是硫化汞。若以紫外線照射，看來油膩的郵票會發出強烈螢光，是唯一在紫外線照射下呈螢光反應的獨虎票，已知硫化汞不會產生螢光反應，螢光反應可能來自溶劑。

一百錢為紫色，相較於第Ⅱ、Ⅲ版一百錢紫色，三者色調深淺、在顯微鏡下的觀察以及化學分析如出一轍。某些第Ⅳ（A）版一百錢紫色郵票看起來有濕潤且被塗抹過的感覺，很像第Ⅲ版一百錢。

Ⅳ（B）

Ⅳ（B）版是第Ⅳ版郵票中唯一圖樣印完後才蓋上面值的，從三十錢全張可以看出，圖樣的顏色深淺一致，面值就有些許不同，齒孔打得很清楚，但全張四邊無孔。

Ⅳ（C）

與Ⅳ（B）版很像，唯一的差別是面值與圖樣同時蓋印，但無法僅根據這一點就斷定Ⅳ（C）與Ⅳ（B）是兩個不同的次版或屬於同一次版。五十錢為鮮紅色，一百錢有些是紫色，有些是天藍色。李明亮沒有見過Ⅳ（C）三十錢郵票，因此他猜測Ⅳ（B）三十錢可能和Ⅳ（C）同屬一套。

Ⅳ（C）印得很好，圖案清晰，顏色均勻，尺寸一致，全張排列整齊，四角損壞輕微。如果根據四角的磨損程度來決定第Ⅳ版各次版出現的先後順序，那麼Ⅳ（C）應在四角損耗得更嚴重的Ⅳ（A）之前。

雖然面值與圖樣同時印製，但面值可能使用兩個版模，一字一模，因為全張上每一枚郵票面值漢字的相對位置並不一致。

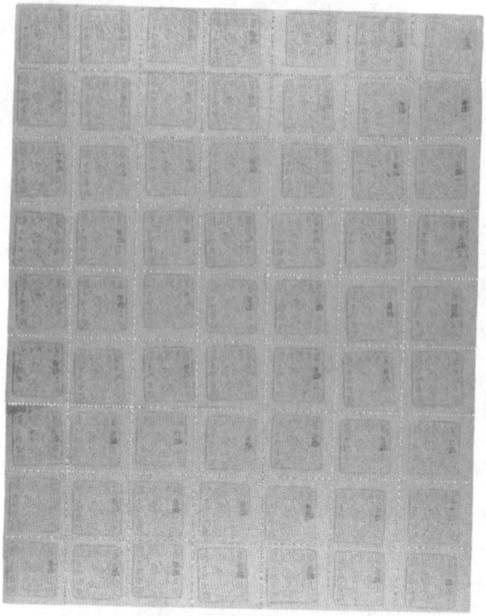

這張第Ⅳ(B)版三十錢全張齒孔清晰，但面值色彩深淺與圖樣不一致，顯然是二次加工的成品，為第Ⅳ版中唯一圖樣與面值分別印製者。

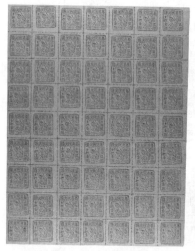

第Ⅳ(C)版五十錢紅色，和第Ⅳ(B)版極為相似，兩者最明顯的差異是第Ⅳ(C)版的圖樣與面值同時印製，另外齒孔不如第Ⅳ(B)版清晰，此一全張右側有不少盲孔。

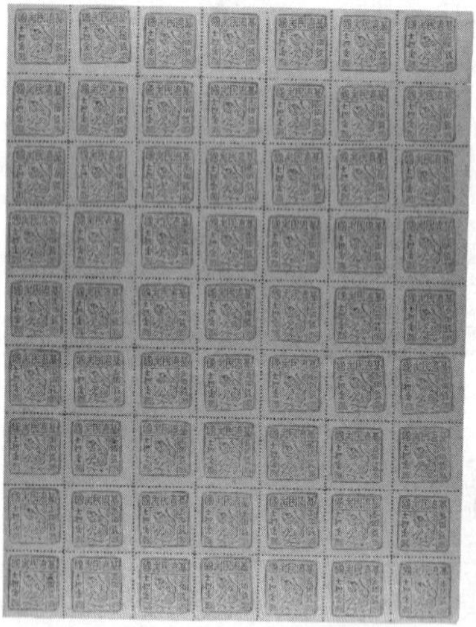

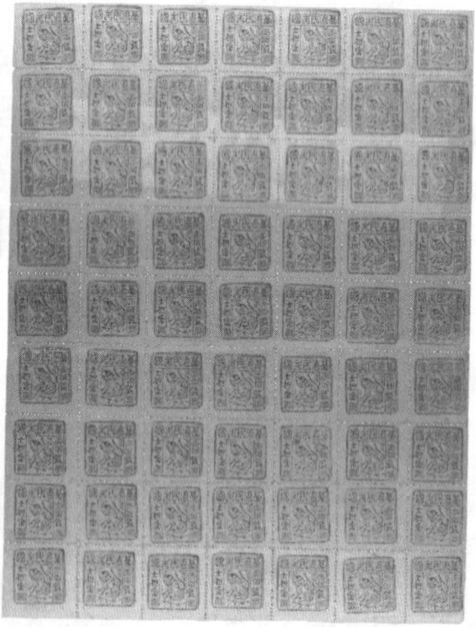

第Ⅳ(C)版印製精良，圖案清晰，顏色均勻，尺寸一致，全張裡的個別郵票排列整齊，四角損壞輕微。圖為一百錢紫色與一百錢藍色全張。

Ⅳ（D）

有一套獨虎票很不尋常，但可歸於第Ⅳ版，李明亮暫時把它歸為第Ⅳ（D）版，這三張郵票之所以合成一套的理由只因在一場拍賣會上它們被成套出售。《史丹利．吉本斯郵票目錄》把天藍色一百錢編成第Ⅳ版變異票。

這一套郵票的四個角幾乎無損，面值似與圖案同時印製，三十錢與一百錢天藍色，五十錢黑紅色。

由上而下分別為三十錢天藍色、五十錢褐紅色、一百錢天藍色，這三枚獨虎票在一次拍賣中成套出售，暫且視為第Ⅳ（D）版。

Ⅳ（E），不尋常的翠綠色變異票

這是一枚極不尋常的獨虎票，幾十年來一直困惑著集郵家。這一款郵票面值只有三十錢一種，顏色深綠，帶點油膩，紫外線下無螢光，從來沒有人見過舊票，也沒有人見過貼上這一款郵票的信封。

這一枚不尋常的獨虎票相當容易辨認，可是要替它分類就非常困難。郵票的四個角頗為完整，如果把磨損的四角當成第Ⅳ版特徵，則這一枚郵票就不應歸為第Ⅳ版。多數集郵家把它當成第Ⅲ版三十錢變異票[91]，但仔細看不難發現它既非第Ⅲ版也非第Ⅳ版，而應視為「中間版」。

第Ⅳ（E）版。這一枚三十錢綠色獨虎票極不尋常，顏色深綠，四個角堪稱完整，容易辨認，卻不易分類。

這枚翠綠色變異票於一九二四年首次受到注意[92]，一開始被當成錯誤的變體票歸於「第二版」。一九四三年的《中國商埠郵票目錄》將之歸於第Ⅲ版，並描述其為「翡翠色的欠損版」，價格比一般第Ⅲ版三十錢高出四十到八十倍[93]。

李文斯頓在一九四九年的《中國郵票價格目錄》將

之歸於第Ⅲ版「第一印版」（Die III first print，目錄編號三八），同時還描敘了一張罕見的十六×九（一四四枚）全張。後來他在《臺灣郵票價格目錄》（一九五八年）以翡翠綠（emerald green）來形容這一款郵票，價格在獨虎票中最高。不過李文斯頓把它和第Ⅳ（A）版三十錢翠綠色郵票混為一談，兩者的綠色其實很不一樣。

對這一款描述得最好的是蘭恩，他說這一款郵票是難得一見的第Ⅲ版色彩變異票，同時詳細描述一張於比利時購得的九×七（六十三枚）全張，水印在全張中間分成兩行，很容易辨識，Dorling & Co., London，齒孔幾乎全為盲孔，且四邊無孔，蘭恩認為齒孔是從背面打過去的。全張尺寸與第Ⅲ（B）版一樣，印製品質粗劣，大小參差不齊。如同第Ⅱ、Ⅲ版，面值「參拾」是另外蓋印二次加工的成果。總之，面值漢字、全張尺寸、水印及齒孔等都與第Ⅲ（B）版及第Ⅳ版全張有不少相似處。

儘管這一款特別的郵票全張與第Ⅲ（B）版全張極為相似，卻存在幾個細微的差異。首先兩者使用的紙張在顯微鏡下毫無二致，經化學分析卻發現此種郵票紙張含有極少量的汞，可能無實質意義，或許是同一公司同一款紙張，但非同時製造，含有不同雜質，因而產生些微差異。

如果將這兩種郵票並排照相再放大測量，可發現兩者高度相似，但第Ⅲ版三十錢約寬出百分之一到百分之二，這意味著「翠綠色變異票」的版模是由下落不明的第Ⅲ版經細微修整而來。

其綠色顏料也和第Ｉ版三十錢或第Ⅳ（Ａ）版三十錢的綠色不盡相同，透過顯微鏡可知其間差異。第Ｉ版三十錢的綠色球狀顆粒大小均勻，而翠綠色變異票呈現大小不一的黑綠色顆粒，看起來髒髒的；第Ｉ版三十錢的綠色極易褪色，可是沒有任何一枚翠綠色變異票會褪色。

一般集郵家認為「翠綠色變異票」是非常難得的第Ⅲ版變異票，如果它真的是第Ⅲ版，那麼它就是唯一不曾使用過的第Ⅲ版獨虎票（李明亮不曾在翠綠色變異票上見過郵戳），這一點似乎難以解釋。

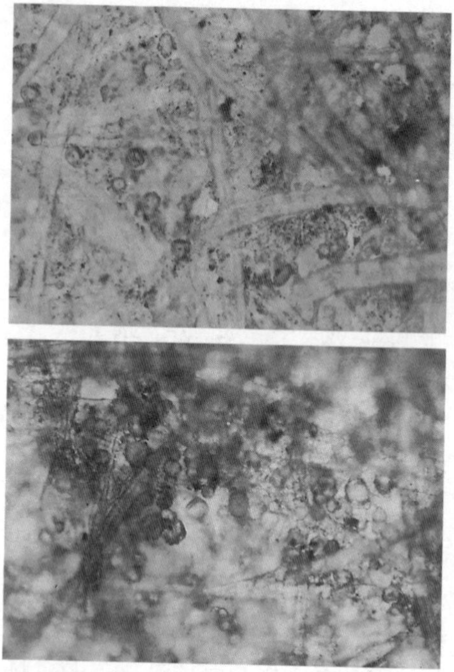
透過顯微鏡觀察第Ｉ版三十錢綠色獨虎票，可以發現綠色染料的球狀顆粒較為均勻（上圖），而不尋常的翠綠色變票卻呈現大小不一的黑綠色顆粒（下圖）。

總而言之，「翠綠色變異票」不應視為第Ⅲ版的變異票，而是第Ⅳ版的特殊版本，李明亮將之暫列為第Ⅳ（Ｅ）版。如同第Ⅳ版的其他次版，「翠綠色變異票」極可能也在臺灣民主國結束之後才出現，可能是私自盜印票，或者偽票。

小圓郵戳與大圓郵戳

獨虎票使用兩種郵戳，小圓郵戳及大圓郵戳，兩者都有內外雙圓，外圈比內圈粗，令人不解的是都使用英文。

臺灣．臺南

大、小圓郵戳雖然相似，差異仍相當明顯，如國名不同，日期寫法也不一樣。在小圓郵戳裡，臺灣民主國譯為TAIWAN REPUBLIC（臺灣共和國），郵局所在地是TAINAN（臺南）；大圓郵戳則分別為FORMOSAN REPUBLIC（福爾摩沙共和國）與TAIWAN（臺灣，即臺南）。

對於一個國家和城市名字混淆不清的情形，或許可從臺

小圓郵戳

大圓郵戳

灣的歷史來理解。十九世紀中葉，英國藉中英條約迫使中國開埠，當時英國要求臺灣開埠的城市就叫做「福爾摩沙之臺灣府」，表示當時「臺灣」是福爾摩沙島上地一個城市。一八八五年臺灣成為中國行省，在此之前臺灣受福建省管轄。臺灣變成「省」，首府設在「臺灣府」（後來的臺南府），後來臺灣府移到中部的大墩（今臺中境內），原「臺灣府」改稱「臺南府」。

這一連串改變發生在臺灣民主國之前，但地名的更易並未廣泛為人接受，尤其外國人更不清楚其中的差別。更令人混淆的是，當時臺南府郊外海關及英國領事所在地的安平偶爾也稱為「臺南」。如臺灣民主國郵政創始人麥嘉林住在安平，而他在寄往《香港日報》（一八九五年十一月十六日）的信上將寄信地寫為臺南府。胡力穡致英國駐北京公使歐維訥的信函（一八九五年六月十四日）也提到信件發自臺南，但他當時是英國駐安平領事。

對許多外國人來說，「臺南」或「臺南府」包括安平，在臺灣民主國時代「臺灣」或「臺灣府」指的可能是臺南府，而臺南府又包括安平。總之，安平、臺南、臺南府這幾個地名當年是交互指稱使用的。

小圓郵戳內外圈可以轉動，因此出現各種內外圈相對位置不一的銷印。

小圓郵戳可任意轉動

小圓郵戳和大圓郵戳的尺寸明顯有別。小圓郵戳外圈直徑三．〇五公分，內圈二．〇五公分；大圓郵戳外圈直徑三．九五公分，內圈二．九五公分。小圓郵戳兩圓之間有「TAIWAN REPUBLIC. TAINAN」的字樣，「REPUBLIC」與「TAINAN」之間有一點「．」；內圈裡面的郵戳日期分成兩列。

小圓郵戳的兩個圓圈可任意轉動，形成很多相對位置不一的郵戳，目前文獻記載的小圓郵戳型式至少有五種，差別僅在於內外圈相對位置不一，即使日期相同，偶爾也有一種以上相對位置不同的款式，因此小圓郵戳內外兩圓相對位置有異不代表郵戳不同。

小圓郵戳的設計與當年的海關郵戳非常類似。這種小圓郵戳可見於早期的中國海關，包括安平、淡水以及打狗海關[94]，可稱為「海關型郵戳」。獨虎票的小圓郵戳屬於海關型郵戳，而且是其中最大的，一般海關郵戳直徑都小於三公分。小圓郵戳何以屬於海關型郵戳，最可能的原因是由安平海關代理主管麥嘉林監製。

小圓郵戳的日期寫法為月、日同一行，先月後日，年代自成一行，如同海關郵戳。大圓郵戳就不一樣，先日後月，這意味著兩種郵戳非出自一人之手，也不是由同一個機構監製。

大圓郵戳內外圈固定

大圓郵戳的內外圈中間寫的是臺灣民主國國名「FORMOSAN REPUBLIC. TAIWAN.」(「臺灣」即「臺南府」)，「REPUBLIC」和「TAIWAN」之後各有一點「．」，兩旁各有一朵花，每朵花瓣六片。內圈中有單行日期，日、月、[95]，個位數日期與雙位數日期寫法不同，若為個位數，則日月之間有連字符，雙位數日期則無，如「5-October」與「10 October」，而非「10-October」。大小圓郵戳最明顯的差別在於大圓郵戳內外圈位置固定無法轉動，只有一種款式。

大圓郵戳的日期表現法，上圖十月五日為個位數日期，加連字符「-」；下圖十月十日為雙位數日期，無連字符。

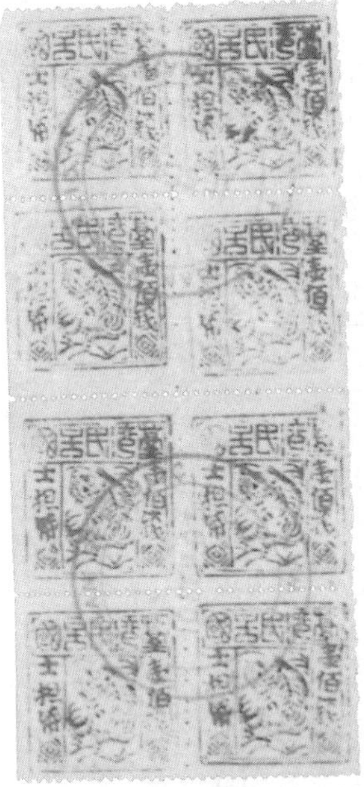

第II版一百錢紫色，大圓郵戳，銷印日期一八九五年九月十日。

使用期間難以界定

兩種郵戳使用的確切時期無從得知。

若從已知的郵戳日期逐一檢閱，可發現小圓郵戳出現的日期從一八九五年八月二十九日到同年十月十五日[95]，大圓郵戳則在八月十八日至十月十六日之間，可能遲至十月十九日，據此可斷定兩者並存使用。

有人說小圓郵戳用於第I版郵票，接著的「第二版」使用大圓郵戳，從已知的郵戳日期來看，這種說法明顯錯誤（參閱附錄七）。

已知小圓郵戳最早的銷印日期為一八九五年八月二十九日

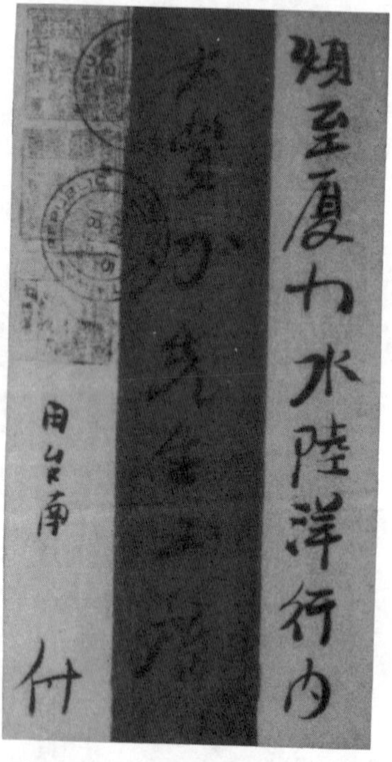

已知最晚的小圓郵戳銷印日期為一八九五年十月十五日

小圓郵戳用於郵政

大、小圓郵戳有足夠的差異令人相信它們出自不同設計者之手，在不同地方使用，也可能為了不同目的而製造。

過去有很多集郵專家提出解擇，但莫衷一是。透過以下討論或可推斷小圓郵戳用於安平海關，主要目的是郵政服務，而大圓郵戳為劉永福政府所用，目的是增加財政收入。

獨虎票的小圓郵戳（左）與安平海關的海關型小圓郵戳（右），無論設計或與形制都十分相似。

以下幾點觀察可說明小圓郵戳以郵政服務為目的用於安平海關：

一、安平海關的郵戳與小圓郵戳非常相似，無論設計、尺寸或日期格式，兩者都極類似。

二、第I版郵票的主要用途是在安平海關當成一般郵票。麥嘉林在安平海關服務，曾表示第I版郵票很少賣給集郵家，而麥嘉林也確切記錄了當時使用第I版郵票的郵件數量[96]。

三、有一枚貼有第I版郵票的實寄封，郵戳為小圓郵戳，從臺南新關寄出。根據一八九二年孟國美的報告，安平海關約於一八八一年更名為臺南新關[97]，所以臺南新關就是安平海關。

四、從安平寄往福州的實寄封使用小圓郵戳[98]。

五、從一張第I版三十錢小圓郵戳銷印全張可看出銷印次序為由左而右、從上而下。銷印者可能是西方人，一般中國人的習慣是從上到下由右至左。此外，安平海關由外國人掌管也是一大因素。

六、在所有銷印日期中，小圓郵戳獨缺星期日銷印，可能是西方人星期日不上班的緣故，但大圓郵戳有銷印日期為星期日者[99]。

七、雖有不少第I版郵票實寄封的寄信地點不是安平，但銷印也是小圓郵戳。這是因為劉永福下令所有經由地方郵局遞送的信件必須經過海關檢查是否貼上臺灣民主國郵

這一枚實寄封有小圓郵戳銷印，寄件地為臺南新關，臺南新關即安平海關。

第Ｉ版三十錢小圓郵戳銷印，日期一八九五年九月十二日。若沿日期九月十二日下方畫一方向線，將發現銷印方向與次序最可能由左而右，而這是西方人的方向慣性。

票才可送出，因此信件可能先集中到安平海關的郵局，以郵戳銷印後才送出。另一個更好的解釋是這些實寄封不是真正使用過的郵件，而是精心製造的贋品。

大圓郵戳用途不明

小圓郵戳在安平海關用於郵政服務是可信的，但大圓郵戳的設計目的不明，用於何處也不詳。

有人說大圓郵戳用於臺灣民主國之前的首府臺中，或者先在臺中使用再移至臺南府繼續使用。這種說法完全不可能，劉永福從未在臺中視事[100]，何況一八九五年八月獨虎票發行時，日軍已揮軍臺中，大圓郵戳在臺中使用的可能性微乎其微。臺中於八月二十六日被攻陷，而大圓郵戳的銷印日期一直延續至臺灣民主國結束之前。

還有人認為大圓郵戳是安平的英國領事館在使用，這也不可能。首先，安平領事館與安平海關相距不遠，沒有必要設置兩個郵政服務處[101]，尤其安平海關已由英國人麥嘉林管理，郵政服務又屬於海關業務，駐中國的外國領事向來不加干涉。其次，如果大圓郵戳設計的目的是收稅，那麼它一定由中國人監管，不會在外國人手上。

大圓郵戳有不同顏色的銷印，其中黑色最常見，紅色與天藍色少見。

另一假設是，大圓郵戳只在打狗海關使用，可是從郵戳日期看來似乎不可能，從已知的實寄封可以看出大圓郵戳至少一直使用到十月十六日。然而根據禮密臣的記載，十月十二日日本艦隊開抵打狗港，英船「鍾德號」（Tweed）船長瓦德（Lieut.-Commander Ward）為安全起見，建議打狗的英國人迅速離開；十月十三日日本軍艦開始砲轟，當天下午打狗就陷入日軍手中，即使打狗郵局存在，也在十月十二日以前就關閉，不至於十月十六日還在運作。

殘缺的大圓郵戳，用途不明，很可能是劉永福用來作為收稅的憑據。

大圓郵戳不在外國人手上

有關大圓郵戳的各種假設可說無一確實，但大圓郵戳不在麥嘉林或與他有關的人手上則相當可信。

一、麥嘉林說使用過第一版郵票的信件有九二五六封，可是關於只使用大圓郵戳的「第二版」，他只給了「八千封」這麼一個概略的數字，由此推測大圓郵戳不在麥嘉林手上，否則他一定知道郵件的確切數量。

二、文獻上有不少記載指出獨虎票最後一版（第Ⅲ版）的版模與大圓郵戳同時消失，版模消失是因為被逃離臺灣的中國官員帶走，大圓郵戳很可能也在中國人手上而同時被帶走。

三、大圓郵戳有一種不尋常的用法，即郵戳只有半個，目的不明，合理的解釋是，大圓郵戳是劉永福的官員用來在臺南收稅。

大圓郵戳一八九五年八月十八日的銷印，當天是星期日，外國人按例不上班。

四、大圓郵戳的日期至少有兩次星期天：八月十八日及九月八日。一般外國人星期天不工作，所以這些郵戳可能是當地人經手銷印的成果。

雖然無法斷定大圓郵戳未使用於郵政服務，卻可推測其主要用途並非郵政性質，而是劉永福政府為了增加收入而使用的戳印。

目前已知用過的第II版或第III版獨虎票絕大部分取自大圓郵戳的全圓或半圓銷印票，市場上偶爾會遇見第II版或第III版獨虎票實寄封，這些實寄封極可能不是「實」寄封，而是由有心人貼上郵票並自行銷印的精心作品。

預知偽票記事

打從一開始外國人就對獨虎票抱著無比的興趣與關心，這使得獨虎票一上市就成為偽造者鎖定的目標。

臺灣民主國滅亡前，有人預告偽票即將出現，英國人E在寄給集郵刊物的信中警告，郵票版模還在劉將軍的官員手裡，預計將出現很多偽票。

臺灣民主國覆亡後不久，禮密臣也在他的獨虎票郵摺裡指稱偽票已經誕生。

偽票繽紛齊放

臺灣民主國結束後，第Ⅲ版版模很可能被臺灣民主國前官員用來發財。獨虎票偽票不少，有的印得比真票精美，所謂「危險的偽票」並不常見，諷刺的是有的偽票竟比真票更難蒐集。

大部分偽票採石版印刷，設計不正確、面值錯誤、郵戳千奇百怪，顏色不尋常，大部分偽票

「米老鼠偽票」仿自獨虎票第I版，在諸多偽票中極負盛名，印製精細，但似乎出自不認真的偽票製造者之手，連絕不可能出錯的面值也出錯（三錢、伍錢）。以一個米字形圖樣取代虎像的眼鼻口是這一款偽票最明顯的特徵，由於過於搶眼以至於不可能誤認，但禮密臣卻將之收錄於鉅著《臺灣島》。

與真票存在明顯的差異，很容易分辨。

如同真票，李明亮也為已知的偽票編配版別，以羅馬數字ⅰ、ⅱ、ⅲ代表偽票版本，如模仿第Ⅰ版的偽票為第ⅰ版；若某一版有多種偽票，則綴以a、b、c加以區別，如ⅲ－b表示模仿第Ⅲ版，且為其中的b次版，而a、b、c無關先後順序。

出了名的米老鼠

第ⅰ版是很出名的「米老鼠偽票」，一八九五年臺灣民主國尚未結束這枚偽票就誕生了[102]，有人認為產地是日本[103]。出人意料地，禮密臣在鉅著《臺灣島》一書竟以這一枚偽票來說明獨虎票[104]。

「米老鼠偽票」最大的特徵是郵票中央的動物臉上有一個明顯的記號，看起來像中文「米」字，故名「米老鼠偽票」。動物站在浮游的海草上[105]，尾巴和真正的第Ⅰ版很像，背景空白，尾巴與身體交接的地方寬，然後慢慢縮成尖尾狀，郵票外框比內框粗得多。

米老鼠偽票有兩個次版，差別在於面值和色彩。第i－a版明顯是一款漏洞百出的偽票，偽造者似乎是個漫不經心的業餘人士，既散漫又狂妄，竟將面值改成三、五、十錢，而第i－b版僅見五十錢和一百錢這兩種面值。幾乎每一款顏色都在一種以上：

i－a三錢：綠色

i－a五錢：黃橘色或鮮紅色

i－a十錢：紅色、綠黑色或白紫色

i－b三十錢：色彩不詳（李明亮未見過此款偽票，但可能存在）

i－b五十錢：黑色

i－b一百錢：鮮紅或淡藍色

米老鼠偽票用紙比真票更厚，有的幾乎厚達真票兩倍；齒孔堪稱漂亮，可惜真票並無齒孔；有的偽票有背膠，有的沒有，但真票一概沒有，某些已銷印的偽票背膠仍然完好。

第i版偽票使用多種郵戳，有些模仿大圓及小圓郵戳，也有「十」字形或巨大如螺旋槳般的

第 i 版偽票的郵戳千奇百怪，當然都是冒牌貨。

第 i -c 版偽票，即文獻中所謂「罕見的偽票」。

郵戳，還有一種細長波狀郵戳，這種郵戳常見於二十世紀前後的日本郵票。另外有的郵戳什麼都不像，看起來只是一團墨印。

蘭恩曾提及一件實寄封，信封上貼著一整套罕見的第i版偽票，李明亮暫歸之為第i－c版。文獻指出這一套偽票面值五十錢者顏色不對，仔細觀察還可以看到動物尾巴和左邊「士担帋」字樣也和真票不一樣，銷印卻是真實的小圓郵戳，日期為一八九五年九月十二日。

低劣狡猾的第ii版

第ii－a版品質低劣，尤其是淡綠色一百錢，但此款偽票比第II版真票更罕見。

第ii－a版用紙厚而粗糙，纖維細長而不僵硬，常突伸至郵票表面，就像毛線衣上的纖維。銷印模仿大圓郵戳，相當大的圓形郵戳，銷印日期一行，國名「xxxxxxxC. TAIWAN.」。在所有真票和偽票中，第ii－a版的齒孔品質最低劣，連齒孔數都很難算得清楚。如同真票，偽票的老虎額頭上有一個「王」字。三十錢淡紫色，五十錢紅色，一百錢是容易褪色的綠色。很明顯地，偽票製作者把三十錢和一百錢的顏色弄反了。

第ii－b版在文獻上被稱為「Essay」，但沒有記載顏色，李明亮也不曾見過。這些偽票有的有齒孔，有的沒有，赫特認為這型偽票「最狡猾最危險」，是「用筆畫的」[106]。一般認為第ii－b版偽票出自日本人手筆，外框很粗，虎像左框筆直無間斷（真票則彎曲有斷痕），「士担帋」與面值「參拾」等字異於真票。論者認為無論有無齒孔，偽造這些郵票的方法都是把紙放上木刻版，正面朝下，以椰子葉抹拭紙背[107]。蘭恩也發表過這型偽票的圖樣，他認為這些偽票是手工製品。

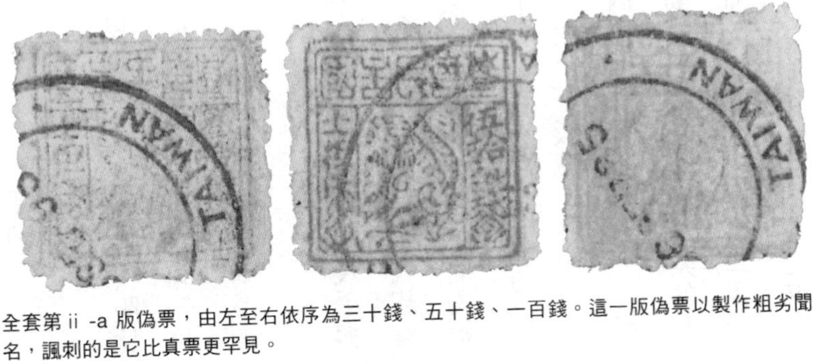

全套第ii -a 版偽票，由左至右依序為三十錢、五十錢、一百錢。這一版偽票以製作粗劣聞名，諷刺的是它比真票更罕見。

全套第ⅲ -a 版偽票，由左至右依序為三十錢、五十錢、一百錢。這一版堪稱精細，不過與面值相對應的色彩明顯有誤。

最常見的偽票

如同第Ⅲ版真票，第ⅲ版是最常見的偽票，變異票或次版比第ⅰ版和第ⅱ版更多。有人認為第ⅲ版偽票與韓國偽票為同一來源[108]，也有人認為第ⅲ版偽票多半是日人所為，其銷印日期大部分是九月十一日或十月十一日[109]。

第ⅲ－a版郵票印得異常清晰，除了外框，其他設計幾乎與第Ⅲ版一模一樣，即使中文字也和真票難以區分，不禁令人起疑是否為第Ⅲ版版模修整後的成果，以至於外框粗於真票，而內框無異。尺寸如真票，圖樣及面值為同時印製（真票為分別蓋印），面值正確，顏色卻有誤，三十錢綠色（與第Ⅰ版三十錢顏色一樣，但第Ⅲ版三十錢為藍色），五十錢橘色（真票為紅色），一百錢紫色，但紫中泛白。這款偽票先印郵票再打齒孔，與真票的製作程序相反。第ⅲ－a版偽票有兩枚相黏者，如逆光觀察，可以發現這兩枚相疊的偽票圖樣位置不一樣，齒孔卻一致，這意味著

兩枚相疊的第 iii -a 版一百錢偽票，齒孔一模一樣，但郵票位置不一致，顯然是郵票印完後才疊合多張同時打孔。

第 iii -a 版三十錢偽票，其上偽戳近似大圓郵戳。

偽票上的偽戳，其中以一八八八年發行的臺灣龍馬票蓋上偽大圓郵戳最離譜。大圓郵戳只在短短幾個月內用於獨虎票，不可能用來為龍馬票銷印。

圖樣先印再疊合多張打孔，只不過某次打孔後其中兩張彼此沾黏。第iii－a版偽票使用的郵戳近似大圓郵戳，但「FORMOSAN REPUBLIC」的字樣較粗大，且異於第II版大圓偽戳。順帶一提，臺灣民主國之前一八八八年的臺灣龍馬票也有偽票[110]，其上偽戳與第iii－a版相同。

第iii－b版紙張較薄，尺寸和第iii－a版相同，齒孔有的清楚，有的模糊。圖樣與線條十分清晰，外框粗，內框細，三十錢為綠色或天藍色，五十錢不詳，一百錢白紫、黑紫或白灰色。偽戳很像小圓郵戳，還有一款彷彿存心嬉鬧作怪的假戳，內外共三圈細圓，既不像小圓也不像大圓郵戳。

第iii－c版與第iii－b版極為相似，絕大部分齒孔打得不清楚，僅少數勉強得以辨認。圖樣清晰，線條清楚，但「担」字與第iii－b版明顯不同，為其特徵之一。目前第iii－c版只見五十

第 iii -b 版三十錢綠色偽票，其上有偽小圓郵戳銷印。

第 iii -b 版三十錢綠色偽票，其上有偽小圓郵戳銷印。

各種不同顏色的第 iii -c 版五十錢偽票。

錢一款，顏色從橘紅、橘、黃橘到灰黃色都有，無論何種顏色，圖樣與面值都採用石板印法同時印製，與真票不一樣。

獨虎郵政終曲

一八九五年十月十九日劉永福乘船離開臺南後，府城實際上已陷入無政府狀態。次日，余饒理[111]親自寫信給基督教長老教會巴克禮與宋忠堅兩位牧師，希望他們接受臺南士紳的請託，告知日軍將領乃木希典希望日軍和平進入臺南府。這封信是這麼寫的：

巴克禮牧師（Rev. Y. Barclay）

宋忠堅牧師（Rev. D. Fergusson）

一八九五年十月二十日

星期日，下午

親愛的巴克禮和宋忠堅兩位牧師：

我已抵達安平，一切無恙。城裡的商店已悉數關閉。數以百計的士兵經由大街向東行進。幾乎每一個人都在準備迎接日軍。停泊於安平的船隻擠滿了難民。

據說劉永福和所有將領都已撤離。而劉個人早已逃亡一說似乎是可以確定的。

安平守軍正在收拾武器，並放進海關地窖中。……此景無不給我（一個外國人）莫大鼓舞。剛才當我經過市區時，他們都非常懼怕我的舉動。我想暫時把阿丁留在此地。

送信的人會告訴您們他的所見所聞。請賞他幾個銀子，以免虧欠他的人情，若尚有可效勞之處，請盡量吩咐。

您最誠摯的

余饒理

願萬軍之主與我們同在，上帝祝福您們！

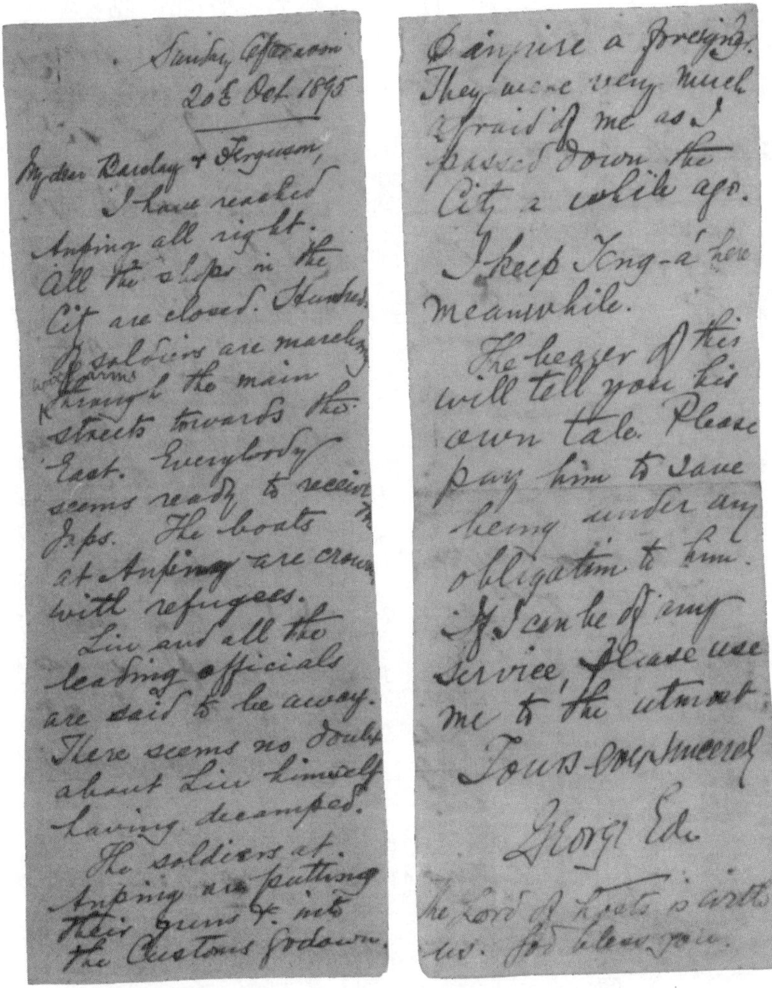

Sunday Afternoon
20th Oct 1895

My dear Barclay & Ferguson,

I have reached Anping all right. All the shops in the City are closed. Hundreds of soldiers are marching with arms through the main streets towards the East. Everybody seems ready to receive the Japs. The boats at Anping are crowded with refugees.

Liu and all the leading officials are said to be away. There seems no doubt about Liu himself having decamped.

The soldiers at Anping are putting their guns &c. into the Customs godown & inquire a foreigner. They were very much afraid of me as I passed down the City a while ago.

I keep Eng-a here meanwhile.

The bearer of this will tell you his own tale. Please pay him to save being under any obligation to him.

If I can be of any service, please use me to the utmost.

Yours ever sincerely
George Ede

The Lord of Hosts is with us. God bless you.

余饒理致巴克禮牧師與宋忠堅牧師書，一八九五年十月二十日。

兩位牧師在護衛下步行至二層行溪，呈交府城人士的聯名信。

一八九五年十月二十一日清晨五點，乃木將軍與他的軍隊由巴克禮引領，逐步接近臺南府。七點，軍隊來到臺南府郊外。八點四十分，日軍在巴克禮引導下幾乎未遭抵抗進入臺南府，臺灣民主國正式告終[112]。

安平方面則由麥嘉林收拾殘局，就在同一時刻，麥嘉林卸下臺灣民主國安平海關及獨虎郵政雙重主管身分。

十月二十三日，臺灣民主國結束後兩天，英國駐安平領事胡力穡上呈一件報告書（附錄十）給英國駐北京公使歐維訥，詳盡描述安平的狀況及日軍接管的過程。安平當時聚集數千殘軍（也許那裡有外國人居住，比較安全），一旦日軍兵臨城下，雙方恐怕爆發衝突，引起不幸事故。麥嘉林深知潛在的災難，於是召集士兵，苦勸放下武器，並集中安置這群不安的士兵，日軍一到即和平移交，避免了一場血腥災禍。儘管如此，還是有一群士兵遭到無情的屠殺[113]。

臺灣民主國自一八九五年五月二十五日宣布獨立，到一八九五年十月二十一日臺南府陷落，前後一百五十天。

十月二十二日，日軍司令部移駐臺南府。

十月二十六日首任臺灣總督樺山資紀進駐臺南。

日軍總司令官北白川宮能久親王於十月十八日感染瘧疾，十月二十八日以四十九歲之年死於臺南府。

十一月十八日，樺山資紀向京都大本營報告「全島悉已平定」[114]。

從此臺灣歷史進入另一章，往後五十年臺灣處於日人控制之下，直到一九四五年。

註

1. 鄭道聰編，《安平文化資源巡禮》，頁一一四，一九九五年四月，臺南市立文化中心發行。
2. http://listview.lib.harvard.edu/lists/drs-44874010
3. http://archdtsu.mh.sinica.edu.tw/imhkmc/imhkm?@@290974422
4. 關於一八九五年以前臺灣郵政的描述，均根據曹潛《中華郵政史臺灣編》（一九八一年，交通部郵政總局）。早期臺灣海關是否曾經提供郵政服務至今尚無定證。不少郵學家曾提出證據認為清朝時期的臺灣海關曾提供郵政服務，但不同的見解也同時存在，前郵政局長薛聘文就不認為臺灣的海關曾提供郵政服務，也否定大清郵政局在臺灣服務（《新光郵鈔》，第三卷，頁四~九，一九七七年）。最後這一點應該無誤，大清郵政局成立於一八九七年，那時臺灣已受日本統治。
5. 文獻上數次提及臺灣民主國的國旗，該旗可能為許翼公所設計（順慶，〈臺灣民主國獨虎票之考略〉，《甲戌郵刊》，第二卷第四期，一九三五年四月）。臺灣現存民主國國旗僅有一面，可能為複製品，右下角有燒痕，今存於國立臺灣博物館。
6. 臺北市文獻委員會，《臺北文物》，第二卷第一期，頁八~九，一九五三年四月十五日，本節引文為耆老陳猪乳先生的發言紀錄。
7. 陳政三譯註，《福爾摩沙島的過去與現在》上冊，頁三四一~三四二，國立臺灣歷史博物館，二〇一四年。

8. 馬士〈一八九五年五月二十七日呈文第一二九八號〉，《中國海關與中日戰爭》，頁二二九，中國近代經濟史資料叢刊「帝國主義與中國海關」第七編，一九八三年，北京中華書局。

9. 同註7，頁三四二。

10. 十九世紀中葉中法之戰，劉永福將軍在安南（越南）曾經打敗法國軍隊。劉將軍的軍隊穿著黑服，在戰場上使用黑旗，因此劉永福外號「黑旗將軍」。因為郵票是劉永福發行的，因此臺灣民主國的郵票就被稱為「黑旗票」，尤其是外國的文獻幾乎都如此記載。

11. 劉永福奇蹟般逃離臺南府，許多文獻都有生動的描寫。羅香林在《劉永福歷史草》二六一～二七二頁裡有詳細的描寫。萬榮華在《福爾摩沙的巴克禮》一〇三頁裡也有很有趣的描述。

12. http://www.post.gov.tw/post/internet/W_stamphouse/。

13. 同註11，頁二五〇。

14. 孟國美（P. H. S. Montgomery）撰，謙祥譯，〈一八八二～一八九一年臺灣臺南海關十年報告書〉，《臺灣經濟史六集》（臺灣研究叢刊第五十四種），臺灣銀行經濟研究室，頁一〇八～一三二，一九五七年。

15. 姚舜豐，〈臺灣民主國郵票郵戳及郵資〉，《寶島郵訊》，第十卷第一期，頁二六～二九，一九六五年。

16. 最少有七張民主國前之站票（郵政商票），其使用之日期是在民主國期間：

(1) 一八九五年九月十日（農曆七月二十二日），蘭恩，《大英中國郵刊》，第六卷第三期（總期第七九號），頁三七～五〇，一九五八年十一月（第三九頁圖片）。

(2) 八月十四日（農曆六月二十四日），鄔德華德，《日本及其屬地之郵票》（圖版二二〇），一九二八年。

(3) 九月五日（農曆七月十七日），帕森，〈臺灣郵票〉，《集郵會》，第五卷第四期，頁一八三～一九二，一九二六年十月。

(4)九月一日（農曆七月十三日），蔡英清《寶島郵訊》（資料簡介續一），第二三卷第四期，頁三七～四二，一九七九年四月。

(5)蔡英清曾展出三枚：八月十六日（農曆六月二十六日），八月十八日（農曆六月二十八日）及八月二十五日（農曆七月六日）

17. 賴建銘，〈臺南官銀票〉，《幣與鈔（勝利郵葉）》，第十三期，一九六四年五月一日；姚慶霖，〈臺南官銀票發行前因〉，《珍藏》，第三卷，頁二四～二九，一九八七年十一月。

18. 同註7，頁四二四。所謂的「逃亡稅」因人而異，根據英國外交文獻（FO 四六／四五八，三五～四六頁）高級官員付四千兩，紳士二萬五千兩，根據這個標準來徵收的話，稅收總額相當可觀。

19. 禮密臣，〈臺南的情形〉，《香港日報》，一八九五年九月二十三日。

20. 蔡英清曾經發表一系列有關臺灣早期郵票（包括獨虎票）文獻的文章，包括第五屆〈自強郵展特刊〉，《中興郵刊》，第九六期，頁四～七，一九七八年；《寶島郵訊》，第二三卷第四期，頁三七～三九，一九七九年四月；《新光郵鈔》，第一四六期，頁八～十一，一九七九年；《大眾郵刊》，第四八期，頁二四～二九，一九七九年八月；以及《寶島郵訊》，第一五〇期，頁八六～九一，一九八一年。

21. 同註7，頁四二三。

22. 赫特（E. F. Hurt），〈臺灣郵票歷史〉，《中國飛剪》，第十一卷第三期，頁三五～三六，一九四七年。

23. 蘭恩（E. N. Lane），〈臺灣早期郵票〉，《大英中國郵刊》，第三一卷，頁一九，一九八四年四月。

24. 禮密臣在一八九五年十一月十八日寫了兩篇文章，一篇寄自臺南府，刊登於一八九五年十一月二十三日的《香港日報》，題名 *The Japanese in South Formosa*。另一篇從臺北府發出，刊登於十一月二十五的《香港日報》，題名 *Formosa*。

25. 蘭恩，〈載維遜黑旗票郵摺〉，《大英中國郵刊》第十五卷第一期（總期第一三二號），一九六七年十月。
26. 禮密臣有幾次提到麥嘉林這個人：在一八九五年七月十五日、十月三十日及十一月二十三日的《香港日報》裡，麥嘉林的英文拼法一直是McCallum，而其名字縮寫是C. A.。麥嘉林於民主國時期的職務是海關主管及郵政服務督導。在禮密臣一九〇三年的著作《臺灣島》第三六三頁，麥嘉林的名字依然是McCallum。
27. 同註7，頁四二二。另見司必立，〈一八九五年臺南貿易報告〉，收錄於《清代臺灣海關歷年資料》第二冊，一一〇五頁，中央研究院臺灣史研究所籌備處，一九九七年。
28. 〈南臺灣情況〉，《香港日報》，一八九五年七月十五日。
29. 李文環，《高雄海關史》，頁一〇一～一〇二，財政部高雄關稅局，一九九九年。
30. 吳質卿，《臺灣戰爭日記》。收於《中國近代史資料》（重印），第三卷，一〇三頁，一九六二年。
31. 姚錫光，《東方兵事紀略》，第五卷（本書曾轉載於《臺灣文獻》，第五卷）；思痛子，《臺海思慟錄》四五～六五頁；連橫，《臺灣通史》，四一九頁，一九二五年。
32. 禮密臣，〈日本人在南臺灣〉，《香港日報》，一八九五年十一月二十三日
33. 同註11，頁二五八。
34. 同註7，頁四三二。
35. 萬榮華，《福爾摩沙的巴克禮》，一〇二～一〇三頁；禮密臣，《臺灣島》，三六三～三六四頁。戰爭末期有些劉將軍的士兵命運頗慘。根據林勇《臺灣城懷古續集》（一一五頁，一九九〇年，臺南市政府）記載，當日本軍由臺南迫進安平時，有五十六名士兵跑進媽祖廟卻被日軍發現，除了一個人，其餘悉數被害。另參閱附錄十。
36. 2017年，中央研究院臺灣史研究所與加拿大卡加立大學圖書館合作，輯錄該館典藏「禮密臣家族資料全宗」中與臺灣相關的照片、剪報、書信、證書、出版品……等資料，出版《禮密臣臺灣資料選集》一書，對於禮密臣

的生平有詳盡的介紹。

37. 陳俊宏，《禮密臣細說臺灣民主國》，頁二六〇，南天書局，二〇〇三年。

38. 同註36，頁五。

39. 吳密察，〈臺灣民主國始末〉，《黃虎旗的故事》，頁十九，國立臺灣歷史博物館籌備處、國立臺灣博物館，二〇〇二年。

40. 同註7，頁三一七~三一八。

41. 同註7，頁三二二。

42. 同註7，頁三二二。

43. 同註7，頁三八六。

44. 同註7，頁三一七。

45. 同註7，頁三六四。

46. 同註36，頁三〇九。

47. 同註36，頁二三三。

48. 同註36，頁XV。

49. 同註36，頁一九八。

50. 同註36，頁二五四。

51. 「民主國」的音譯偶而採用閩南語發音 Bin Tchoo Kok，《香港日報》，一八九五年五月三十一日。

52. 陳逸雄譯註，〈夭壽的民主國〉，《臺灣風物》，第三十九卷第一期，一九八九年三月。

53. 曹潛，《中華郵政史．臺灣編》，二八頁，一九八一年。據曹潛先生解釋，「文」為官方用詞，如今之「元」，而

「錢」則用於民間，如今之「塊」。陳志川〈郵政沿革〉（《刊友通訊》，第十五期，一～七頁，一九八七年十月）說制錢一千文等於紋銀一兩，可見制錢的單位也是文。

54. 愛德華，《郵票》，第八卷第六期，六三頁，一九一一年。

55. 蓋特，〈臺灣黑旗票偽票之起源〉，《中國飛剪》，第五十一卷第四期，一三三～一三四頁，一九八七年五月。

56. 〈臺灣〉，《澳洲集郵》，第二卷，二四二～二四三頁，一八九六年一月。

57. 美爾微爾，〈集郵怪誕〉，《愛郵者》，第十一卷第六～七期，八七～八八頁，一九一八年十一月及十二月。

58. 禮密臣，〈臺灣歷史之回顧以及臺灣第一位國王國姓爺之生平簡介〉，《日本亞洲協會會報》，第二四卷，頁一一二～一三六，一八九六年。

59. 片岡巖（陳金田譯），《臺灣風俗誌》，眾文出版社，頁四七二～四七三，一九八七年。

60. 同註51。馬士特別在〈夭壽的民主國〉一文註腳表示「唯一留存的，正式的民主國國旗，在筆者手裡」。根據禮密臣的記載，民主國當局送了一面虎旗要求淡水海關懸掛，但馬士不從。馬士保存的很可能就是這面旗子。

61. 曹潛，《中華郵政史，臺灣編》，頁一三五，一九八一年。

62. 張敏生，〈臺灣民主國郵票發行日〉，《彰郵會訊》第三卷第二期，頁二～七，一九八八年八月。

63. 蔡英清，〈臺灣早期郵票（Ⅲ）〉，《新光郵鈔》，第一四六卷，頁八，一九七九年八月。

64. 李文斯頓，〈臺灣郵票Ⅰ〉，《中國飛剪》，第十四卷第四期，頁八〇～八八，一九五〇年八月。在這篇文章裡，李文斯頓認為發行日期是一八九五年八月十六日，而其所附圖片不夠清晰，郵戳日期實際上難以確認。

65. 蘭恩，〈臺灣黑旗票〉，《大英中國郵刊》，第二三卷，頁十一，一九七五年十月。

66. 同註7，頁四三二。禮密臣提過「但丁輪」及「爹利士號」這兩艘船十月十五日離開安平開往廈門，接著打狗就陷落了。

67. 同註57。

68. 同註57。民主國抗日期間，馬士住在臺灣北部，關於臺灣的淪陷，禮密臣曾經提過很多外國人包括麥嘉林、卜頓、亞里敦、余饒理、臺南的宋忠堅及巴克禮（陳政三譯註，《福爾摩沙島的過去與現在》上冊，頁四三二）。可是禮密臣從來沒有提到大清淡水海關最後一任主管馬士。根據禮密臣的記載，十月十二日劉永福曾經與日本軍隊協商，其仲介人是馬士的領事，馬士本人一直不在。顯然到了戰爭末期，馬士仍不在南部首府臺南，因此他得到的資訊可能不十分正確。

69. 《費城郵訊》，第三卷第十三期（總期第一一七號），頁二三六～二三七，一九二二年。

70. 很多早期文獻都表示有此可能，包括禮密臣一八九五年十月三十日在《香港日報》發表的文章。

71. 馬卡賓，《集郵標準手冊》，一九八六年。

72. 馬士，〈臺灣民主國郵票摘記〉，收錄於美爾微爾《集郵怪誕》，頁九八，一九五〇年。

73. 同註57；另見美爾微爾專書《集郵怪誕》，頁九八，一九五〇年。

74. 鄔德華德，《日本及其屬地之郵票》，圖版二三〇，一九七六年。

75. 蘭恩，〈臺灣〉，《大英中國郵刊》，第十七卷第二期，頁八八～九〇，一九七〇年四月。

76. 同註74，圖版二三二。

77. 同註75；羅曼，《中國及其商埠之郵票》，頁一七二，一九四一年。

78. 麥嘉林，《香港日報》，一八九五年十一月十六日，參閱第三章。

79. 〈臺灣〉，《史丹利．吉本斯郵票月刊》，第六卷（總期第六六號），頁八五，一八九五年十二月；蓋特〈臺灣黑旗票偽票之起源〉，《中國飛剪》，第五一卷第四期，頁一三三，一九八七：〈臺灣〉，《大英郵刊》，第六卷（總期第六一號），頁十二，一八九六年一日。

80. 果裘生，〈臺灣的郵票〉，《摩利郵刊》，第二卷第十一期，頁八一～八二，一九〇一年十一月。
81. 赫特，〈中國臺灣的郵票〉，《大英郵刊》，第四五卷（總期第五三五號），頁一〇八～一一〇，一九三五年六月。
82. 同註75。
83. 李文斯頓在《臺灣郵票價格目錄》（第一版，一九五八年十一月）提到內框無損的第II版獨虎票，這種郵票的價錢是受損的七到十倍。李明亮表示從未看過未受損傷的第II版郵票。
84. 蘭恩，〈臺灣一八九五年的黑旗票〉，《中國飛剪》，第二一卷第五期，頁七八～八〇，一九五七年七月。
85. 同註75。
86. 「私自再印票」的定義是「用過去的郵票版模或是石版印製所得的郵票，或是以原模製版後再印的郵票」（馬卡賓，〈集郵標準手冊〉，頁四一〇，一九八六年）。毫無疑問地，最可怕的偽票是未獲授權而用真的或原來的版模印製的郵票，如果原來的版模經過修整，那麼，仔細檢查或許仍可分出真偽。
87. 李文斯頓，《中國郵票．第一部分》，頁三六，一九四九年；李文斯頓，《臺灣郵票價格目錄》，頁十二，一九五八年；蘭恩，〈臺灣民主國之獨虎票〉，《中國飛剪》，第二十一卷第五期，頁七八～八〇，一九五七年。
88. 〈臺灣〉，《史丹利．吉本斯郵票月刊》第六卷（總期第六六號），頁八五，一八九五年十二月。
89. 〈臺灣〉，《大英郵刊》第六卷（總期第六一號），頁十二，一八九六年一月。
90. 羅香林，《劉永福歷史草》，頁二六二，一九五七年。
91. 《史丹利．吉本斯郵票目錄》，頁一六七，一九八六年；羅曼，《中國及其商埠郵票》，頁一七四，一九四一年；蘭恩，〈一八九五年臺灣民主國黑旗票〉，《中國飛剪》，第二十一卷第五期，頁七八～八〇，一九五七年；李文斯頓，《臺灣郵票價格目錄》，頁十二，一九五八年。
92. 歐費爾，〈中國商埠以及臺灣郵票〉，《大英郵刊》，第三四卷（總期第四〇二號），頁九二～九四，一九二四年六月。

93. 赫特、L. N. 威廉及 W. 威廉，《區域性郵票價格目錄》第二部分，頁三六～四一，一九四三年。

94. 張愷升，《中國郵戳史》，頁五五～六五及頁二二六，一九八九年。

95. 蘭恩曾記載小圓郵戳有八月十八日、八月二十五日及八月二十九日者（〈臺灣〉，《大英中國郵刊》，第十八卷，頁八八～八九，一九七〇年四月），還說八月十八日的信是寄到廣東（《大英中國郵刊》，第六卷第三期（總期第七九號），頁三七～四九，一九五八年十一月）。李明亮說蘭恩這篇文章是唯一指出小圓郵戳的日期可溯至一八九五年八月十八日及二十五日的文獻，他本人沒有看過這兩天的小圓郵戳，但大圓郵戳的日期可追溯至八月十八日則眾所周知。

96. 葉振輝，《清季臺灣開埠之研究》，頁八四，標準書局，一九八五年。

97. 同註14。

98. 姚舜豐，〈臺灣民主國郵票郵戳〉，《寶島郵訊》，第十卷第一期，頁二九，一九六五年。

99. 八月十八日與九月八日都有大圓郵戳，那兩天都是星期天。

100. 臺北府陷落之後，在臺中（臺灣府）的提督是黎景崧，他與南部臺南符的劉永福不和，拒絕參加劉永福的就職典禮，因此當黎景崧非常需要錢和軍火的持候，劉永福也拒絕幫忙。關於這兩人的爭執可參閱吳德功《讓臺記》，頁五一。

101. 根據克拉克〈臺灣試樣郵票〉（《大英郵刊》，第五三卷，頁三二～三三，一九四三年），安平有英國郵局及海關郵局，前者大概在英國領事館內，處理英國信件，而非中國信件。Bishap, Mortom, Sayers（《香港，商埠及其他郵戳》，一九三四年，頁七二，安平）卻不認為安平有郵局，「一八九五年夏天，我們其中有一人在安平停留了幾個星期，卻沒有看見郵局」。

102. 蓋特，〈臺灣獨虎票偽票之來源〉，《中國飛剪》，第五一卷第二期，頁一三三～一三四，一九八七年。
103. Tung C.，〈一八九五年廈門郵政怪談〉，《集郵雜誌》，第八四卷第九期，頁六〇六～六〇七，一九七六年六月。
104. 同註7，頁四二三。
105. 同註81。
106. 同註81。
107. Tung C.，〈臺灣米老鼠偽票〉，《集郵雜誌》，第六四卷第九期，六〇七～六〇九頁，一九五六年九月。
108. 三井高陽，〈臺灣偽票〉，《切手研究》，第九一卷，頁四～五。
109. 柏格斯，〈迷人的臺灣郵票〉，《郵票評論》，第三卷第七期，頁二四八～二五一，一九三九年三月。
110. 臺灣龍馬票印行於民主國之前的一八八八年，沒有理由使用民主國郵戳，使用該郵戳的龍馬票顯然是偽票。
111. 余饒理，George Ede，一八五四年七月十日生於英國薩里，曾任助理教師、及小學教師。由於幼時立志獻身海外傳道事工，故於一八八三年參加基督教長老教會的海外求才面試，同年年底抵達臺灣府。一八八四年，余饒理先生提議設立學校，歷經諸般艱辛，最後於一八八五年農曆八月開辦中學，即今臺南市私立長榮中學。
112. 很多文章都記載了臺南陷落的詳情：萬榮華，《福爾摩沙的巴克禮》，第九章，〈臺南之攻陷〉，九八～一一〇頁，一九三六年；朱鋒，〈臺灣民主國在臺南（II）〉，《臺南文化》，第三卷第一期，頁二九～三三，一九五三年；強斯頓，《中國與臺灣》，頁三二六～三二八，一八九七年；陳政三譯註，《福爾摩沙島的過去與現在》上冊，頁四三二，國立臺灣歷史博物館，二〇一四年。
113. 林勇，《臺灣城懷古續集》，一一五頁，一九九〇年，臺南市政府。
114. 黃秀政，《臺灣割讓與乙未抗日運動》，二四六頁，臺灣商務印書館，一九九二年。

附錄一　泰晤士報（The Times, London）報導臺灣獨立

國際媒體披露臺灣「獨立」，首見於一八九五年五月二十七日（星期一）倫敦《泰晤士報》第五版第四、五欄。

臺灣宣布成立共和國

香港，五月二十五日

在臺灣的中國人宣布成立以唐景崧為總統的獨立共和國，且已通知列國。刻正處於臺灣的前中國駐巴黎公使陳將軍與丘逢甲將軍及其軍隊都支持此運動。經援、軍援及士兵正從大陸送往臺灣，因此日人的登陸將遭遇頑彊的抵抗。大陸各地同情此運動的組織亦紛紛出現。南中國對朝廷也有相當不滿的情緒，反朝廷領袖認為臺灣宣布共和提前了他們的計畫，唯恐計畫將因此破滅。——我們的通訊員

附錄二〈臺灣民主國獨立宣言〉

據黃昭堂《臺灣民主國之研究》，中文獨立宣言已佚。本書英譯出自禮密臣《臺灣島》（頁二七九～二八〇），該書曾由蔡啟恆譯成中文，題為《臺灣之過去與現在》（收於「臺灣研究叢刊」，臺灣銀行經濟研究室編印）；二〇一四年，陳政三根據原書再譯，由臺灣歷史博物館出版。以下即為陳譯書頁三三九之「民主國獨立宣言」。另故周學普教授曾從德文（Geschite Formosa's bis Antang，Albrecht Wirth 著，一八九八年）譯回中文，載於《臺灣經濟史》第六集（頁一～八四，〈臺灣之歷史〉，臺灣銀行經濟研究室編印，一九五七年）。

Official Declaration of Independence of the Republic of Formosa.

The Japanese have affronted China by annexing our territory of Formosa, and the supplications of us, the People of Formosa, at the portals of the Throne have been made in vain.

We now learn that the Japanese slaves are about to arrive.

If we suffer this, the land of our hearths aud homes will become the land of savages and barbarians, but if we do not suffer it, our condition of comparative weakness will certainly not endure long. Frequent conferences have been held with the Foreign Powers, who all aver that the People of Formosa must establish their independence before the Powers will assist them.

Now therefore we, the People of Formosa, are irrevocably resolved to die before we will serif the enemy. And we have in Council determined to convert the whole island of Formosa into a Republican State, aud that the administration of all our State affairs shall be organized and carried on by the deliberations and decisions of Officers publicly elected by us the People. But as in this enterprise there is needed, as well for the resistance of Japanese aggression as for the organization of the new administration. a man to have chief control, in whom authority shall centre, and by whom the peace of our homesteads shall be assured, — therefore, in view of the respect and admiration in which we have long held the Governor and Commander-in-Chief, Tang Ching Sung, we have in Council determined to raise him to the position of President of the Republic.

Au official seal has been cut, and on tho second day of fifth moon, at the ssu hour, (9 a.m. May 25th), it will be publicly presented with all respect by the notables and people of the whole of Formosa. At early dawn on that day, all of us, notables and people, farmers and merchants, artizaus and tradesmen, must assemble at tho Tuau Fang Meeting House, that we may in grave and solemu manner inaugurate this undertaking.

Let there be neither delay nor mistake.

A Declaration of the whole of Formosa.

(Seal in red as follows) Au announcement by the whole of Formosa.

照得日本欺凌中國，索割臺灣，全臺紳民代表迭入京請願，未獲俞允。局勢危殆，倭奴不日將至。

如屈從，則家園將淪入夷狄；如抗拒，以實力不如人，恐難持久。屢與列強相商，咸謂臺必先能自立，始可保護。

臺民誓不服倭，與其侍敵，不如死守。爰經臺民公議，自立為民主之國，官吏皆由民選，一切政務秉公處理。惟為禦敵、治理臺事，須有人統率，以保鄉衛土。巡撫兼署臺灣防務唐景崧，素為臺民敬仰，爰由士民公推為民主國總統。

官章業已刻就，訂於五月初二日巳時由全 臺紳民公呈。凡我同胞，勿論士農工商，務須於是日拂曉齊集籌防局，見證隆重就職典禮。盼勿遲誤。

全臺人民公告（蓋紅印）

附錄三 〈臺民布告〉

唐景崧至少向國內外發表了兩篇宣言，與獨立宣言大同小異，錄於連橫《臺灣通史》卷四〈獨立紀〉及伊能嘉矩《臺灣文化志》卷三。兩者有相當出入，今俱載於下。

《臺灣通史》，全臺紳民致中外文告

竊我臺灣隸大清版圖二百餘年。近改行省，風會大開，儼然雄峙東南矣。乃上年日本肇釁，遂至失和。朝廷保兵恤民，遣使行成。日本要索臺灣，竟有割臺之款。事出意外，聞信之日，紳民憤恨，哭聲震天。雖經唐撫帥電奏迭爭，並請代臺紳民兩次電奏，懇求改約，內外臣工，俱抱不平，爭者甚眾，無如勢難挽回。紳民復乞援於英國，英泥局外之例，置之不理。又求唐撫帥電奏，懇由總理各國事務衙門商請俄、法、德三大國併阻割臺，均無成議。嗚呼，慘矣！

查全臺前後山二千餘里，生靈千萬，打牲防番，家有火器。敢戰之士，一呼百萬，又有防軍四萬人。豈甘俯首事仇？今已無天可籲，無人肯援。臺民惟有自主，推擁賢者，權攝臺政。事平之後，當再請命中國，作何辦理。倘日本具有天良，不忍相強，臺民亦願顧全和局，與以利益。惟臺灣土地政令，非他人所能幹預。設以干戈從事，臺民惟集萬眾禦之。願人人戰死而失臺，決不願拱手而讓臺。所望奇材異能，奮袂東渡，佐創世界，共立勛名。至於餉銀軍械，目前儘可支持，將來不能不借貸內地。不日即在上海、廣州及南洋一帶埠頭，開設公司，訂立章程，廣籌集款。臺民不幸至此，義憤之倫，諒必慨為佽助，洩敷天之恨，救孤島之危。

並再布告海外各國，如肯認臺灣自立，公同衛助，所有臺灣金礦、煤礦以及可墾田可建屋之地，一概租與開闢，均沾利益。考公法：讓地為紳士不允，其約遂廢；海邦有案可援。如各國仗義公斷，能以臺灣歸還中國，臺民亦願以臺灣所有利益報之。臺民皆籍閩、粵，凡閩、粵人在外洋者，均望垂念鄉誼，富者挾貲渡臺，臺能庇之，絕不欺凌；貧者歇業渡臺，既可謀生，兼同洩憤。此非臺民無理倔強，實因未戰而割全省，為中外千古未有之奇變。臺民欲盡棄其田裡，則內渡後無家可依；欲隱忍偷生，實無顏以對天下。因此槌胸泣血，萬眾一心，誓同死守。倘中國豪傑及海外各國能哀憐之，慨然相助，此則全臺百萬生靈所痛哭待命者也。特此布告中外知之。

《臺灣文化志》，全臺紳民致中外文告

日本欺凌中國，大肆要求，此次馬關議款，於賠償兵餉之外，復索全灣一島，臺民忠義，不肯俯首事仇，屢次懇求代奏免割，總統亦奏多次，而中國欲昭大信未允換約，全島士民不勝悲憤，當此無天可籲無主可依，臺民公議自立為民主之國，以為事關軍國必須有人主持，於四月二十二日，士民公集本衙門遞呈請余暫統政事，經余再三推讓，復於四月二十七日相率環籲，五月初二日公同刊刻印信，文曰「臺灣民主國總統之印」，換用國旗「藍地黄虎」，捧送前來，竊見眾志已堅，群情難拂，不得已為保民起見，俯如所請允暫視事，即日議定，改臺灣為民主之國，國中一切新政，應即先立議院，公舉議員，詳定律例章程，務歸簡易，惟是臺灣疆土荷大清經營締造二百餘年，今雖自立為國，感念列聖舊恩，仍應恭奉正朔，遙作屏藩，氣脈相通，無異中土，照常嚴備，不可稍涉疏虞，民間有假立名號、聚眾滋事、藉端仇殺者，照匪類治罪，從此臺灣清內政，結外援，廣利源，除陋習，鐵道兵輪次第籌辦，富強可致雄峙東南，未嘗非臺民之幸也，特此曉諭，全臺灣知之。

本文曾節譯為英文，收於禮密臣《臺灣島》頁二八〇：

Japanese having demanded the cession of Formosa by China, this has been resisted by the people of the island. We repeatedly memorialized His Majesty to reconsider this portion of the Treaty with Japan, but were as often repulsed by the Throne. In their loyalty to the dynasty the people of Formosa have sworn to oppose the Japanese to the death. Having received His Majesty's commands to return to the mainland, and while everything was in a critical condition, the people and gentry (sic) suddenly presented me with a seal and various insignia of rank appointing me President of the new Formosan Republic, the above words being cut in the seal ; also the new rlag of the Republic being a blue ground and yellow border, I was compelled to consent to act as President of the Republic for the time being, pending a second choice by election of the people, at the same time recognizing the suzerainty of the Emperor of China and standing in the relation of a tributary state to China. We are also consulting upon appealing for outside aid and a thorough reorganization of the state. I had no alternative but to accept the election of the people in the midst of the general confusion ; while on the other hand I take the opportunity of telegraphing the above to my colleagues and the various Powers of Europe and America. As to our ability to stand long against the enemy it is difficult at present to prognosticate, but I earnestly hope that you will take pity upon us and aid us where you may. (signed) Tang Ching-sung.

附錄四　臺灣民主國重要歷史及郵政事件

日期	歷史事件	臺灣民主國郵政相關事件
一八九四・七・二十五	中日甲午戰爭爆發	
一八九五・四・十七	馬關條約簽定，其中第二款及第五款明白記載割讓臺灣	
五・八	中日雙方於山東煙臺交換條約	
五・十五	丘逢甲等發佈〈臺民布告〉	
五・二十三	陳季同、丘逢甲等發表〈臺灣民主國自主宣言〉	
五・二十五	臺灣獨立，國號「臺灣民主國」，以「藍地黃虎旗」為國旗，大總統唐景崧，大將軍劉永福	
六・三	基隆失陷	
六・七	日軍進駐臺北城	
六・十七	日本首任臺灣總督樺山資紀在臺北舉行始政祝典	
六・十九	日軍開始南征	

日期	歷史事件	臺灣民主國郵政相關事件
六・二十二	新竹失陷	
六・二十六	以劉永福為首的第二共和成立	
七・八		發行第一次公債
七・二十一		發行第二次公債
七・三十一		發行官銀票（正堂）
八・五		發行第三次公債
八・九		發行官銀票（總局）
八・十		麥嘉林提議設立郵政服務
八・十六*		發行第Ⅰ版獨虎票
八・十八		大圓首日郵戳
八・二十六	臺中失陷	
八・二十八	彰化失陷	
八・二十九		小圓首日郵戳
八・三十一		發行第Ⅱ版獨虎票
九・四		發行第Ⅲ版獨虎票

日期	歷史事件	臺灣民主國郵政相關事件
九・二十二		發行第四次公債
十・九	嘉義淪陷	發行臺灣股份票
十・十四		發行官銀票
十・十五	打狗失陷	
十・十九	劉永福偕親信乘英船「爹利士號」離開臺南府	
十・二十一	日軍進入臺南府	
十一・十八	臺灣總督樺山資紀宣告臺灣全島悉數平定	

註：*表示概略日期

附錄五　《香港日報》有關臺灣民主國報導一覽

《香港日報》創刊於一八五七年，今已不存。除星期天外，每日發行四版，第二版為新聞，其他以廣告及輪船出入消息為主。下表為一八九五年五月二十日至一八九六年四月三十日《香港日報》刊登之有關臺灣民主國的文章篇目一覽表。

日期	來源或作者	文章寄出地點及日期	文章標題
一八九五・五・二十二	N. C. 日報		臺灣
五・二十二	N. C. 日報		一八九五年臺灣與日本之和平條約
五・二十三	日本信件		臺灣
五・二十七	N. C. 日報	臺北府，五・十七	臺灣之反叛
五・三十一			臺灣之反叛臺灣獨立
六・八	中國信件	神戶，六・七	臺灣之危機

日期	來源或作者	文章寄出地點及日期	文章標題
六·十一			臺灣之移交
六·十七	China Gasette		臺灣之危機
六·十七	China Gasette		臺灣民主國之誕生
六·二十一	一個通訊者	臺南府，六·十七	南臺灣之事
六·二十一	一個通訊者	大稻埕，六·八	臺灣北部日記
七·五			安平情況
七·十五	我們的通訊者	安平，七·四、九	南臺灣情況
七·二十七	一個通訊者	安平，六·二十二	南臺灣情況
八·八	我們的通訊者	安平，八·四	南臺灣情況
八·二十	我們的通訊者	安平，八·十六	南臺灣情況
九·二	我們的通訊者	安平，八·二十九	安平
九·二	日本郵件		臺灣消息
九·九	日軍我們的通訊者J. W. D.（禮密臣）	臺北府，九·二	日本人在臺灣
九·二十三	日軍我們的通訊者	臺北府，九·十	日本人在臺灣
九·二十三			臺南的情形

日期	來源或作者	文章寄出地點及日期	文章標題
九・二十五			安平、打狗以及臺南府將關閉
九・二十八	日本郵件		進攻臺南
十・三	我們的通訊者	安平，九・二十一	南臺灣情況
十・三十	日軍的我們通訊者 J. W. D.	安平，十・二十五	日本人在南臺灣
十一・十二	日軍我們的通訊者 J. W. D.	臺南府，十一・四	日本人在南臺灣
十一・十六	麥嘉林	臺南府，十一・十	臺灣郵票
十一・二十三	日軍我們的通訊者 J. W. D.	臺南府，十一・十八	日本人在南臺灣
十一・二十五	日軍我們的通訊者 J. W. D.	臺北府，十一・十八	臺灣
十一・二十八	日軍我們的通訊者 J. W. D.		劉永福
十二・二	日軍我們的通訊者 J. W. D.	臺北府，十一・二十三	臺灣
十二・五	偶爾通訊者	臺南府，十一・二	南臺灣
一八九六・一・三		東京，十一・六	「爹利士號」事件（劉永福離臺）
一・十一	日軍我們的通訊者 J. W. D.	臺北府，十二・二十五	臺灣
一・十六	日軍我們的通訊者 J. W. D.	臺北府，一・十一	臺灣
一・二十二	日軍我們的通訊者 J. W. D.	臺北府，一・十二	臺灣

日期	來源或作者	文章寄出地點及日期	文章標題
二・二十八	日軍我們的通訊者 J. W. D.	臺北府，二・十八、二十	臺灣
四・十	一個通訊者	臺南府，四・六	日本及臺灣之商業貿易限制
四・二十二	我們臺灣的通訊者 J. W. D.	東京，四・十二	臺灣樟腦貿易之限制

附錄六　禮密臣，刊於《香港日報》，一八九五年十月三十日

十月二十五日，安平

黑旗將軍劉永福的政權可以追溯到六月初唐景崧總統從北部首都臺北府逃走時。大約此時，駐臺南府道臺以及高級官員聽從清朝皇帝的話回到大陸，留下一位卸任官員，此人從前是一個很受信任的顧問，現在卻成為新道臺。

大約有一百個人和一批士紳要求當時駐在打狗的劉將軍來保護臺南府。他答應了，而且在議會裡接受了幫辦的職位。唐景崧逃走之後，當地士紳和那些組織了所謂議會的人，認為民主國應該繼續下去，故推舉劉永福為民主國總統。事務委員會馬上就組成，開始籌備必要的款項。籌款的方法為徵收人頭稅以及「自願」稅。除了平常的土地稅及其他稅賦之外，還加徵戰爭稅，稅率由政府訂定為個人財產的百分之五。除此之外，劉永福也接收外國海關，將其所得收繳國庫。

國會遴選七位會員為諮詢委員，每天下午開會。主席及副主席分別是鵬舍與許舍。

官方同時宣布，一旦戰爭結束日本人被驅走之後，臺灣島將和平地從事建設，包括建築鐵路、開礦，商業也會隨之發展。

政府以銀鑄造民主國國印，並在隆重的儀式中交給劉永福，要求他擔任最高指揮官。如同克羅威爾，劉永福拒絕了這些名譽與職位，表示當和平來臨，證明他不孚眾望時，自然會接受這個職位。目前他只答應盡力達成大家對他的期待，同時他也要求大家無條件支持他。眾人都同意宣布此獨立政府的建立，絕非要與中國脫離關係。相反地，民主國會在中國最需要時候給予幫助，與祖國的政府同心協力攜手合作，就像是一座雙峰大山。同時大家也要了解當日本人被趕走，和平再度來臨時，島上的人民將恢復與大清祖國的關係。毫無疑問地，張之洞甚至層級更高的官員也秘密地支持劉永福，在幾個月裡張之洞支援了劉永福不少金錢、人力以及武器。這些支持將持續到戰爭的最後一個月或者六個星期以前。當時在南京以及福州支持劉將軍的高層官員，也口頭保證他們會代付劉將軍發給軍隊的債券。這些債券由外國人來擔保，面值為一圓和十圓。本來也想印發一百、五百以及一千錢的債券，可是就在要印發的時候，政府陷入極端的困境，因此這些計畫便隨之停頓。

在過去一、二個月，所有的政府支出均以上述債券支付。政府也宣示要求海關及所有人士接受那些債券是可信的。上述外國買辦的確曾經在一段短暫的時期內兌現這些債券，可是最近一、二個星期債券卻受到質疑，因此政府又發行了另一種與此相似且由城裡富人作保的債券。另外還有一種風險更大的債券，允諾老百姓當和平來臨，民主國穩立時，一塊錢債券可償還五塊錢。鴉片商人於是利用紙幣貶值之際，大量低價收購這些債券，用來在海關付稅。

此刻眾多的集郵狂正被利用來籌款。政府宣布將在廈門、汕頭及香港設立郵政服務處，遞送那些貼了民主國郵票的郵件。為此政府發行了二版郵票，第一版是用當地的銀鑄版模印在很薄的衛生紙上，沒有齒孔。這版郵票大約印了五千套，顏色是綠、紫、紅。版模隨後遭到熔毀，當局並嘗試製造更好的版模。失敗之後，版模便從廣東取得，而以此廣東版印製第二版郵票。這些郵票的顏色是藍、紫、紅三種，有齒孔。這二版郵票的面值均為三、五、十分。值得一提的是，這些郵票應該隨著民主國的滅亡而停止發行，因此大家必須十分小心偽票。由於需求，這些偽票，尤其是第一版，已經開始出現在市面上了。劉永福下令所有當地郵政局的中國郵件都必須貼上這些郵票，並接受檢查，確保此項政策切實執行。

最後一項挽救政府財政困窘的方法是從數千欲逃離臺灣的人們身上課稅。稅率從二元到四元乃至六元，係根據付稅者的經濟能力而定。

持平而論，劉永福有錢時的確支付軍隊銀餉、衣服及食糧。身處島外者常常指稱劉永福在自己身上花了許多錢，但如果我們知道他必須應付多少手下，或者他手上有多少資金可供動用，我們便很難相信劉永福會蒐集一大筆錢來給自己使用。從各方面判斷，自唐景崧逃離之後，劉永福的手下包括當地義勇軍大約有三萬人，其中僅四千人擁有和「黑旗軍」一樣的裝備。

客籍義勇軍可說是劉永福最忠實的追隨者。當日軍步步進迫臺南府時，義勇軍的數目也日漸減少，最後可能不超過一萬二千人。有段時期，南部來了一群全副武裝的土匪，假裝加入劉將軍陣營。這些人被安置在城裡的營區，僅有食物為酬。後來有兩人死亡，其他人認為這是不好的徵兆，所以背著這兩人的屍體整群人不告而別，此後就再沒有他們的消息。他們也曾經從劉將軍那裡取得部分軍火，無疑地他們將認為他們所受的困擾並非全無代價。

日軍步步進逼，尤其在南部登陸成功之後，劉永福也明白事態嚴重，因此他曾經幾次安排投降，可是都沒有成功。

劉將軍的第一次嘗試是經由通信。信件由英國領事帶到澎湖交給日本司令官，在信上，劉永福提出下列投降條件：

一、由日軍悉數清償遲遲未付給士兵的薪餉。

二、日方負責遣送劉永福及其軍隊到廣東。馬關條約要確實實行，也就是要給人民二年的時問，讓他們自由選擇是否要成為日本的臣民。

日本將軍對此提案的回應是，軍艦將於十二日正午停泊在安平海外，他願意接見劉將軍或由他授權的代表來討論投降事宜，並答應除非中國軍隊先行攻擊，否則日軍不會毫無通知就向砲臺開火。吉野旗艦於十二日上午七點出現在安平海外，但不知何故直到下午二點三十分才錠錨，由於這兩個半鐘頭的延遲使劉將軍猜疑日本人是否別有用意，因此拒絕前往商討。在此前一天，劉永福曾託一位來自香港而停留在安平的客人亞里敦傳信給駐在嘉義的日本軍隊，信上提到與上述那一封送到旗艦上的信很相似的投降條件，要求日本將軍暫時不要有軍事行動。希士廷先生身兼翻譯陪同亞里敦先生，並由二十個黑旗軍護送他們過去。

後來這一批人在距離日軍陣營不到兩英哩處便做鳥獸散。亞里敦及希士廷先生在往日軍司令部途中，並沒有碰到困難，只是當時司令官他事纏身故未得相見，因此他們並沒有談出任何結果，空手而歸，雖然如此，他們的勇氣及善行無疑是值得感激的。後來劉永福將軍派遣兩位中國代表到吉野艦上。他們先登上英輪「派克號」，再由領事陪同前往日本旗艦。他們要求日本將軍為劉永福簽寫來訪吉野艦的安全保證，可是日本將軍卻認為劉永福已經有足夠的保證而予以拒絕，最後表示吉野艦會在那裡等到隔天上午十點，如果劉將軍本人或親信代表沒有出現，該艦隊就會開砲或離開他去。這群代表就這樣離開了。到了十三日上午十點，劉將軍沒有任何會出現的跡象，三艘船艦因此駛離，只餘一艘。當天下午海關被要求發放信息說談判者已經出發，日本軍隊也接收到這個信息，可是劉將軍或他的代表卻沒有赴約。

到了晚上劉永福又派兩位代表登上「派克號」，可是每一個人都不耐再談，痛惡劉永福變化無常，拒絕給予任何幫助，劉將軍的代表只好離開。

十五日，「但特號」載送一千八百位乘客，「爹利士號」也載了一千四百人離開安平，駛向廈門。劉將軍向這些人課收了一萬二千元。英國買辦想送走八千元，可是被劉將軍捉到，說船公司答應把那筆款項當做戰爭捐款，可是這家公司沒有做到。就如我上一封信所說的，日本派去的「西京九」船被安平砲臺砲轟了。

十七日消息傳來打狗砲臺擊沉三艘日本船。劉將軍證實了這項消息，說他收到特別信使帶來的訊息。其實這已是打狗被日本海軍及陸軍佔領兩天以後的事情了。

十八日英輪「爹利士號」回來，同時首次傳出劉將軍要離開的消息，因為他曾經安排運走他的八條狗。十九日，劉永福果如料想成功離開，表現了銷聲匿跡的高度技巧。

最後關於劉永福行動的消息是，他在十八號晚上偽裝要到安平巡視。當天晚上他就留在那裡，隔天早晨卻與他的保鑣以及一百位官員同時消失。砲臺外預留了一艘帆船，可能是他留下來的。至於他所搭來的船跑了多遠就不得而知了。有人說他假裝成一名苦力，躲在「爹利士號」上，但實際情形並不清楚。有些人則認為他逃到東部山區，這似乎不太可能。劉將軍離開的消息如同野火般傳開，剩下的軍隊開始湧進安平的城堡裡。在安平的外國人只有麥嘉林、卜頓及亞里敦幾位先生，其他的不是在打狗就是在「派克號」船上，或者已經到達廈門，至於在臺南市內的則有余饒理、宋忠堅以及巴克禮。麥嘉林、卜頓及亞里敦經過些微的爭論才勸退這些士兵放下武器，將武器堆積在海關前面的鴉片倉庫裡。這些動作幾乎花了一整天功夫，前後大約有六千到八千支來福槍被收繳，同時還有幾噸的少量軍火。士兵被收留在軍營裡，二十日晚上，砲臺幾乎無人留守，安平及臺南府的士兵可說完全解除了武裝。

二十一日清晨更多中國士兵來到此地，還有一群軍隊從日本艦隊登陸，南北軍也步步進迫臺南市，不久日本人此佔領了整個臺灣。日本人登陸時發現四千個解除武裝的士兵聚集在熱蘭遮城附近。這些人像一群羊被趕到死胡同般的海關，被留在那裡直到二十三日早晨，後來經由旅順丸被遣送到大陸旁邊的金門。

二十日早晨，這些被俘者都被給予食物及飲水，後來因為人數太多，日本海軍無法繼續供應，尤其是水，所以這些人飽嚐痛苦，部分的當地居民以及英國船上的官員們也盡力提供他們飲水，當然，即使他們再努力也僅為杯水車薪，跟本不敷所需。為什麼日本人不想辦法提供更多的水，這似乎不可理解。二十一日，村民再次受到要求而提供幾桶祭拜的米飯，但是大家爭相搶奪，十分混亂，因此只有少許幾個人獲得救濟。

如果知道鄰近房舍有八顆日本人頭顱曝露在陽光下，其中五個甚至腐爛，我們就不難了解為什麼日軍對劉永福將軍以及他的隨從那麼殘酷了。有一個日本守衛車隊的海軍曾經做了些很野蠻的事情，因而受到海軍當局最嚴重的警告。飲水從面對大夥的小木柵外的水槽供給，俘虜被允許從木柵上的開口推出他們的碗，乞求憐憫和食物。有一個值班的步哨踩過伸得長長的手，衝上去用刺刀一刀刺穿他的身體。這個可憐人倒下去，滾了兩、三圈就死了。這種殘殺的行為被站在旁邊的外國人看到，引起公憤，這些外國人真的沒有想到會發生如此殘忍的事情。雖然這些人因為口渴幾近瘋狂，可是他們繼續遵守紀律，因此這種惡徒般的野蠻行為是不可原諒的。毫無疑問，當將軍得知詳情時，這些惡人一定會受到應受的處罰。

二十一日上午九點，南軍到了蕭壠，且送了一批人到安平。他們在村外碰到一些從軍艦上下來的水手正把戰俘集合起來。這些在吃早餐的戰俘非常驚訝，因為他們根本不知道日本人已登陸且突然來到離他們這麼近。這些戰俘一看見日本軍隊即頓時亂竄，既困惑又害怕，奮力脫逃，其中五十六人被刺刀刺死。絕大部分都棄械投降，沒有什麼特別頑固的抵抗，死者被埋在一個大墳墓，冢上立有大碑。

禮密臣

附錄七　禮密臣，刊於《香港日報》，一八九五年十一月二十三日

日本人在南臺灣

日報日軍通訊員寄自臺南府，十一月十八日

自從上回報導之後，總督樺山將軍帶著他的助理人員，包括奧部、樺山兩位醫生以及野村海關總督回臺北去了。

皇大子也於本月八日靜靜地離開。雖然不能親訪打狗，可是他送了奧部醫生和其他人去。這些人對打狗這個地方和它的海港容量很有興趣，據說他們的報告將大大促進港口的復建，使它恢復從前在南臺灣的盛況。雖然現在大家都注意到此地對軍隊的登陸或物品的運送很方便，可是設備卻不足，因此每個地方都盡量被用來存放日用必需品。這些日用品不斷湧進，同時也有很多軍隊要回去日本。後者包括整個禁衛軍，他們大隊人馬從臺南府遠行至此，準備在此上船，每天的人數可以裝滿五艘船。

雖然不很樂意卻是必要的事情是把打狗改成進出港口，因為要把從臺南府以及各地送來的眾多病人送到日本去。目前充當醫院的房子有五十到六十張病床，可是照目前每次三、四百個病人集中的速度來看，其擁擠的嚴重程度與令人不悅的後果，無論是病人或其他人都可以想見。

目前知道的是，一般打狗的老百姓必須暫時離開港口，直到壓力減輕至到與傷亡有關的起碼衛生措施改善為止。燃料的匱乏似乎影響了對死者迅速的處置，光是這一點至少就造成了莫大的不便。毫無疑問地，日方可說是做得不錯了，因為他們對於在臺南府附近的大量軍隊引起的居住困難而導致的醫療困境，也只能勉強接受。這些人同時暴露於惡劣的天氣以及感染瘧疾的危險之下，當地惡名昭彰的熱病無疑是非常流行的，這使得醫生以及火葬人員從來沒有這麼忙碌過。唯一的好消息是，臺南與安平在惡劣熱病肆虐的同時所引發的腸胃疾病並未引發大流行；因此我們可以確定，無論軍隊或當地居民，均未感染霍亂。

至少一萬名軍人和許多苦力離開之後，我們預期普遍的緊張情形將獲紓解，如果要把打狗變成臺灣南部的「病患基地」，我們誠懇地希望有更多醫療設施，尤其是改進主要的衛生設備，據說日本在這方面向來做得很好，可是到現在為止他們尚未提供這類設施。

十四日，臺灣日本軍隊司令官兼副總督，高島伯爵，帶著全體司令部人員離開臺灣，整個「遠征軍」隨著他的離開而全體收兵。乃木將軍麾下的「南進軍」第二軍團將繼續留駐南臺灣，只要各外港或軍事基地需要任何行動，他們即為最高統治單位。只要沒有軍事干擾，主要城市或鄉鎮的士紳都會自動組織起來開始運作，但是鄉下的較次級官員至今仍未任命分發，這必須等到所有的軍事行動都結束之後才會明朗，因此我們不能說文人政府已經開始運作。

官僚政治在日本非常盛行。所謂的「部門」只不過是軍團，彼此忌妒，極力照顧自己的利益。只要任何小規模軍事行動繼續存在，文人政府裡的成員就顯得不理不睬，也不表示任何意見，雙方都有高度的排他性。許多可以動用的運輸船擺著不用，反而每天花五百塊錢雇用外面的輪船，「因為該做的事情不是由這些運輸船所屬的機構來負責」，由此可證，全世界的官僚根本沒什麼兩樣，官場遁辭絕不限於倫敦政府、華盛頓或是大英騎衛。從這點看來，我們不得不承認，如果要應付緊急事故或減少百姓痛苦，一般人可以做的是去找主管外交工作的單位，或者經由溫和有禮的西園長官，再經其主管費魯梭，最後再經由無時不在埋首工作的副總管松本先生來處理，松本先生時時保持幽默、熱心、樂於助人，使得那些令人討厭的各種限制得以更快完成。

關於未來政府的主要安排，可說與中國人統治的時代大致相同，近於法國系統，而與日本的舊式系統不同。南臺灣只有一個地方首長費魯梭先生，從前縣長管轄的地方，現在就由一位次級官員來管理。其下的官員將陸續任命，開始工作的時候我會報告，以免大家有錯誤的信息。

大量的士兵從日本前來臺灣填補第二軍團因疾病或死亡而引起的空缺，從新補人員的數字看來，原來的軍隊傷亡可能比大家所想像或預期的要高出許多。

很多人也討論到始於打狗的鐵路，工程師答應「兩個月之內將通車啟用」。我們現在知道這條規格十八英吋的輕型鐵路，只用來輸送軍需及糧食，不僅行駛於打狗和臺南府之間，也遍及整個臺灣島。因此有一路線馬上要從打狗經過屏東到恆春，屏東與恆春是南方二區的要城，需求增加時其他路線也將加入營運的行列。因為鐵路完全供軍事使用，因此只要軍事行動還在進行，老百姓就不會得到任何利益。到底這些運輸路線將來會不會開放給一般老百姓使用，或變成永久性路線，現在還不知道。目前最迫切的似乎就是使各軍事基地可以很便利地互相往來。

大部分的農民不只很平靜，同時也渴望和平和正常的統治，但是客家人顯然受到劉永福將軍殘餘部隊的助力，而帶給日本人及當地人不少麻煩。山腳各地有各式各樣的強盜，常常搶劫要求鉅額贖款。這種情形造成莫大的壓力，以至於一些規模較大的糖廠決定遷往大陸，在那裡等待時局穩定下來，毫無疑問這將對明年的蔗糖輸出有相當大的影響，尤其過了九月接踵而來的颱風，不少農作物會受損。日本人盡其所能保護人民，並盡快沿整個耕種區建立軍事據點。這些客家人勢必將為他們粗暴的行為付出極高的代價。的確，除非他們立即對他們的不法行為表示後悔、投誠，否則最後可能慘遭消滅。

至於沈默而守法的當地人，日方的政策可說具有最大的容忍及體恤，可是如果某些被征服者仍繼續困擾政府，或拒絕合作和安撫，那麼恐怕政府也將展露其凶惡的一面。就像一個溫柔的求婚者，如果遭到拒絕，會產生惱羞成怒的強烈反應。

對於外國人最大的不便或許是從此地到臺北的電訊被軍事當局完全剝奪。這使我們幾乎回到十二年前的反政府時期。佔領之後的一、兩個星期，從臺南到高雄以及從臺南到臺北，乃至通往世界各地的線路大部分時間幾乎都停止開放。如果每天特別優待開放一、兩個小時，外國的通訊將給此間人們很大的鼓舞。我們不能說這些線路出了問題，因為這些外國人感到興趣的線路均為日本人所接收，當時它們還維持著良好的運作狀況，至今仍然如此。此刻我們希望的只是任何一個可以幫忙這件事的人得知這些消息。如果我們對世界商業訊息的緊急需要，能夠得到關照，即使是很少，我們將十分感激。聽說淡水到福州的線路業已修復，因此這方面應該是暢通無阻的。我們曾就此事向各地的文人機構求援，每次回答都是「我們也沒有辦法，一切都在軍事當局手中，他們如果說不行，那麼我們也無計可施」。我們都知道日本人就像其他文明國家一樣，對那些像鴕鳥般詭計多端的中國人有相當的優越感。他們向來認為如果藉著管制線路，不把世界各地人人通曉的消息告訴我們，在某些神祕的事務方面就有助於遂行其目的。沒有任何動機促使日本人這麼做，但他們偶然會同情我們，為了新統治者的利益，請再次允許我們與外界聯繫，因為我們已經被隔離很久了。當然，連結全國各處的軍事郵站還有一些支線，這些在匆忙中因臨時需要而架立的支線，可能會限用於公共使用之外，直到完整地架設妥當，不至造成不便或引起埋怨時為止。

一旦通往本島南部，也就是臺灣南部燈塔的線路接通之後，氣象信息便可迅速獲得，水手或其他人都將因此受益不少，因為那時颱風的正確位置即可從上海或香港的觀察站直接向附近的海陸報告。大家都希望中國人可以這麼做，結果當然毫無下文，中國人對於任何關心外國人生命或財產者都既嘲笑又感到困惑。如果只考應颱風或者有破壞性的氣候，我們或許會認為只有西南季風的訊息才是最有價值的，可是從電報聯繫的各氣候站的比較數字，我們整年都能夠獲得許多可資利用的訊息，相信日本人對這個好處應該是最能感覺得到的，毫無疑問地，日本人應該會盡早完成這項科學的甚至於博愛的當務之急。我們從朋友當中聽說外國人深切期待日本人「一到達就萬事俱備」，果真如此的話，要怪也是怪日本人過去行政能力之佳、計畫之週詳及執行之迅速。

我們很遺憾地獲知海關並不是很有效率的自由運作。這並非官員缺少熱誠，相反地，他們似乎很著急地想盡力要把事情做好，可是面對全然陌生的關稅制度與中國法規，他們似乎完全不知所措，我們很擔心如果不趕快幫助他們解決這個窘境，可能隨之而來的將是很不愉快的商業制裁。我們可以說，如果對這些事情毫無所知，反而可以比赫德先生所建立的著名制度運作得更順利，令人感到奇怪的是新進的官員，即使只有幾個月，並未適當地運用那些在劉永福政府時期將海關事務處理得很成功的海關人員的協助，他們應該很願意在合理的情況下伸出援手。如果日方不想請人幫忙的原因是因為不願意花錢，那麼在經濟上來講這恐怕是錯誤的，也勢必對海關當局和依靠海關正常運作的人引來諸多困擾。

在最近一次的通訊裡，我曾發布一些關於前臺灣民主國郵票的消息，最近我發現這些資訊是有用而且是很有趣的。雖然我相信我當時所言絕對正確，可是我想最好還是進一步追尋資料的來源，以便瞭解整件事情的來龍去脈。麥嘉林先生是劉永福時代的海關主管及其郵政服務主導人，很感謝他提供我下列的官方記錄，這些記錄是他從原中國政府接收過來原封不動小心保存的資料。

看起來劉將軍好像有理由去懷疑有人會透過當地郵局來傳送訊息，為了有藉口制止這種情況，他下令任何信件除非貼上其政府發行的郵票，否則不得送出臺灣，而且所有信件在上船運往大陸前必須經過海關檢查。有人說他的確因此發現了一、兩件背叛者的通信。總之，以上就是為什麼會發行郵票的真正原因，同時也證明郵票的確曾經用於郵政服務，而非如同許多後來在中國出現的郵票，純粹只是為了榨取世界各地狂熱的集郵家。

第一版或稱臨時版，是匆忙之中趕製的，如同之前所描述的：三分是綠色，五分是紅色，十分是紫色。第一版總共發行約七、八千套，但不超過八千套，之後版模就如前述的理由被毀掉了。這些郵票是印在很薄的中國紙上，而且沒有齒孔。無論這一版或下面所說的第二版，其印製清晰與否並不能證明是否為真正的郵票，這些郵票常常模糊不清，甚或僅能勉強辨認。第一版的綠色郵票最主要是用於郵政，因此我們會發現許多套此版郵票都被分開使用。根據官方記錄，在第一版郵票使用期間總共有九千三百封信件使用該版郵票。剛開始的郵戳為圓型，有「臺灣民主國，臺南」字樣，中間則有「九月」。雖然在這個郵戳停止使用以後，可能還有人繼續在貼有第一版郵票的信件上印蓋此戳，可是大家也應該知道第二版郵票開始發行的同時會出現不同的郵戳，此後，原來的郵戳就不再繼續使用了。

第二版：藍色（其中有不少是黑色的），三分；紅色，五分；紫色，十分，但半數的十分郵票為黑色，有時是藍色，因為紫色顏料用光了。此一事實是大家必須注意的。上述第二版郵票都是印在已經打孔的紙上，這些紙似乎是用裁縫機來打孔，而且顯然是在郵票尚未印上之前，郵票本身也沒有印得很有規律。這一版總共印了一萬八千套，其中大約八千套之各種不同面值用於郵政。這一版的郵戳是一個比第一版所用的更大的圓形郵戳，上面有「福爾摩沙民主國，臺灣」字樣，可是裡面的日期是十月。所有郵票紙均無背膠。

劉永福，或者其衙門的某個人帶走了第二版的版模，因此他們不無可能在大陸繼續印發這些郵票。要發現或避免此類偽票似乎不容易，可是民主國期間每一版郵票發行的數量都有清楚的記錄，其出售情形也有各方的詳細觀察，因此真票到底在誰的手上也大致明瞭，這些買到郵票的人可說是運氣比較好的，目前官方可追溯且保證的新舊版郵票如下：舊版三千五百套，新版六千至七千套。當然，第二版郵票已經賣了一段時間，但由於全數來自臺灣的經銷商，因此如果有疑問，要證明其真實性應該沒什麼困難，至少這些資料有助於查證這些郵票是不是偽造的。

我必須說明的就是上面所提的數字是各版發行的最大數量，也許在購買時有所助益。至於偽票，廈門已經出現好幾種，尤其是模仿第一版者，但與真票比較起來，偽票製作得更好且更有雕琢意味，很容易分辨。除了純為個人使用而購買的幾套之外，筆者對這些郵票的未來沒有什麼興趣，因此上述說法可以說是現階段可做到最公正者。

另外一些會讓人想起民主國的是它的銀行債券以及政府發行的各種彩票。債券的面值是用手寫上去的，無論面值多寡，債券上的各種印章和印記都一樣。我們聽說有人發現了重要的「偽票」，他的推想似乎只是根據債券周邊圖樣的極小差異便斷定其為偽票，他似乎不知道也不願意承認在債券的印製過程中必需經過兩、三次連續木版印刷，看起來他極可能被「當地的告密者」誤導了。更可能的狀況是，許多他不承認的債券顯然在市面上流傳了很久，這些債券都是經過中國專家的查詢而流傳下來，這些專家無論對面額多寡以及究竟有多少偽票存在根本一無所知。總而言之，我們可以不管上面的各種說法，而接受所謂專家認定的債券是真品，由劉將軍發行且為一般人民所接受。

「彩票」的發行是劉將軍的經濟助理掙扎籌款的最後一個方法，以「力挽狂瀾」，因此他答應「當日本人被驅走，重獲和平之後」，償還面值的四倍。不可思議的是，竟然有那麼多傻瓜受騙購買這些彩票，有人居然買到兩百塊。中國人首先傳出謠言，說日本人會償還這些銀行債券，後來又謠傳富有商人的財產將遭到沒收，出售所得用來償還債券，因此一度使得債券價格攀高，最後事實證明並非如此，債券價格於是一路往下掉，直到現在不管面值多少，一張也只不過五分錢。

前瑞典騎兵軍官霍斯特先生三年前來到臺灣，為著名的鳥類學家西朋先生收集臺灣鳥類，他在十六日上午逝世。過去幾個月來他的身體非常虛弱，雖然有人勸告他，他還是堅持去鄉下。他一定遭遇了巨大的痛苦，卻表現了不屈的精神、勇氣與堅強。天主教和新教傳教士都對他非常照顧，而這位可憐的人就在新教傳教士的照顧中過世，他最後幾分鐘是在最大的關心與憐愛中度過。當天晚上，他被葬於臺南府的新教徒墓場，大部分居民都來參加他的葬禮。他最主要的死因是疲勞過度。

附錄八　禮密臣，香港版獨虎票郵摺

黑旗將軍劉永福為政府籌餉發行之臺灣民主國郵票

中日戰爭結束時，中國為了求和，將臺灣割讓給日本，但臺灣前巡撫唐景崧與士紳拒絕承認這個事實。日軍於是在臺灣北部登陸，向首都臺北府進軍。唐為了避免與日軍衝突，逃離臺灣。黑旗將軍劉永福之政權因而可以追溯到一八九五年六月唐氏逃亡之時。當時成立了共和國，唐景崧為總統，通知各國新政府已成立，選了政府官員，徵召民兵，連同大陸留下來的兵力，組成了一支相當數目的軍隊。

日軍步步進逼，臺灣軍隊也節節敗退，唐逃離臺灣赴大陸，首都臺北府沒有抵抗就淪陷了。雖然如此，日人當時並沒有立即南進的跡象。中國人於是認為這是日人力弱之表現，南部大城臺南府的士紳認為政府應該繼續，於是組織議會，選舉劉永福為「共和國」總統。

財務委員會隨即成立，開始向人民籌款。其方法有所謂的人頭稅及「自願」之捐款。除了平常的土地稅及一般稅收之外，另加特別的戰爭稅。政府估計每人財產多寡，而課之以其總額百分之五的稅金。除此之外，劉安排外國人主導的海關繼續運作，收入則歸中國政府。

議會選出了七位議員為執行委員，每天下午視事，同時向世人宣示，臺灣之組成一獨立政府，並非要脫離中國。相反地，希望將來祖國中國在需要的時候可以與之並肩奮鬥，如雙峰之山。大家也同意當日人被驅除，和平來臨時，臺灣將回到中國皇帝之領土內。毫無疑問，張之洞甚至更高層的官員，暗中資助劉。張數月內曾增援不少錢財、人力及軍火，這個援助一直持續到戰爭結束前一個月或六星期，甚至於到那個時候，南京及福州的高層支持者至少在口頭上還答應要償還劉發給其軍隊的債券。這些債券面值有一、五及十圓，且應該由外國買辦保證。原定即將要發行的一百、五百及一千錢者，由於危機來臨而作罷。

郵票上端印有「臺灣民主國」字樣；左邊有「士担帋」或「士担」，這是英文 Stamp 的譯音；右邊是面值；中間即是民主國之象徵——虎。劉總統用了不少方法籌餉以支持所謂的「民主國」，其中之一是強迫其管轄下的所有中國人，在村與村之間，或與大陸通信時要使用民主國的郵政服務。他下令在廈門、汕頭、香港設立郵政服務處來處理貼有民主國郵票的郵件。郵票印了二版，第一版使用當地鑄造的銀模，印在薄紙上，沒有齒孔，印了大約五千套。色彩是綠、紫和紅。版模隨即遭到熔毀，並擬製作較佳者。結果是失敗的，因此從廣東運來一個廣東製之版模印行新郵票。新版也有三種顏色，藍、紫與紅，且全部有齒孔。兩者的面值都是三、五、十分。大家要注意的是，郵票在民主國結束之後就停止印發了。由於需求，偽票出現了（尤其是第一版），所以大家要小心避免贋品。劉宣告所有經過當地郵局（民信局）的信件都要貼上民主國郵票。所有貨袋都經過詳細檢查，以確實執行此政策。

政府過去一、兩個月的支出都使用民主國債券，並宣告海關、商行、及所有人要把它當成真實且有價值的。在一段很短的時間內，債券在外國買辦可以照款兌換，可是在最後一、兩個星期兌換停止了，於是再發行類似的債券，這些債券是由城內的富人擔保的。另外也出現了一種投機性較高的債券，承諾當和平來臨民主國重建時，一元的債券將償還五元。鴉片商人就利用這些急速貶值的紙鈔，大量收購用在海關繳稅。

最後一項補充已經虧空的國庫的努力，是向成千上萬欲逃離臺灣的人們課稅。稅率根據逃亡者的經濟狀況，課以二至四元乃至六元。

十月，日人從三方包圍劉，而打狗也輕易地淪陷。劉將軍及數名官員於十九日逃往大陸。安平及臺南府於二十一日投降，自五月二十四日成立的臺灣民主國就此結束。

禮密臣
日軍通訊員

附錄九　禮密臣，神戶版獨虎票郵摺

黑旗將軍劉永福為政府籌餉發行之臺灣民主國郵票

中日戰爭結束時，中國為了求和，將臺灣割讓給日本，但臺灣前巡撫唐景崧與士紳拒絕承認這個事實。日軍於是在臺灣北部登陸，向首都臺北府進軍。唐為了避免與日軍衝突，逃離臺灣。黑旗將軍劉永福之政權因而可以追溯到一八九五年六月唐氏逃亡之時。當時成立了共和國，唐景崧為總統，通知各國新政府已成立，選了政府官員，徵召民兵，連同大陸留下來的兵力，組成了一支相當數目的軍隊。

日軍步步進逼，臺灣軍隊也節節敗退，唐逃離臺灣赴大陸，首都臺北府沒有抵抗就淪陷了。雖然如此，日人當時並沒有立即南進的跡象。中國人於是認為這是日人力弱之表現，南部大城臺南府的士紳認為政府應該繼續，於是組織議會，選舉劉永福為「共和國」總統。財務委員會隨即成立，開始向人民籌款。其方法有所謂的人頭稅及「自願」之捐款。除了平常的土地稅及一般稅收之外，另加特別的戰爭稅。政府估計每人財產多寡，而課之以其總額百分之五的稅金。除此之外，劉安排外國人主導的海關繼續運作，收入則歸中國政府。

議會選出了七位議員為執行委員，每天下午視事。同時向世人宣示，臺灣之組成一獨立政府，並非要脫離中國。相反地，希望將來祖國中國在需要的時候可以與之並肩奮鬥，如雙峰之山。大家也同意當日人被驅除，和平來臨時，臺灣將回到中國皇帝之領土內。毫無疑問，張之洞甚至更高層的官員，暗中資助劉。張數月內曾增援了不少錢財、人力及軍火，這個援助一直持續到戰爭結束前一個月或六星期，甚至於到那個時候，南京及福州的高層支持者至少在口頭上還答應要償還劉發給其軍隊的債券。這些債券面值有一、五及十圓，且應該由外國買辦保證。原定即將要發行的一百、五百及一千錢者，由於危機來臨而作罷。

郵票上端印有「臺灣民主國」字樣；左邊有「士担帋」或「士担」，這是英文 Stamp 的譯音；右邊是面值；中間即是民主國的象徵——虎。劉總統用了不少方法籌餉以支持所謂的「民主國」，其中之一是強迫其管轄下的所有中國人，在村與村之間，或與大陸通信時要使用民主國的郵政服務。他下令在廈門、汕頭、香港設立郵政服務處來處理貼有民主國郵票的郵件。郵票印了二版，第一版在匆忙中印成，三分綠色、五分紅色、十分紫色，只印了幾千套，版模就熔毀了，郵票印在薄中國紙上，無齒孔。這一版也好，下一版也好，郵票印得是否清楚，並不能用以判斷真偽，很多郵票是模糊不清的。第一版中綠色者大都用於郵政，因此可以看到不少套被拆開使用。據官方記載當時有九千三百封信件使用了第一版郵票。開始時，郵戳是圓的，上有「臺灣民主國．臺南」，中間有「九月」。第二版郵票出現之後，第二種郵戳也同時出現，原來的郵戳即停止使用，但很可能有些人還是繼續把第一版郵票蓋上了舊郵戳。

第二版——藍色（很多近黑色者）三分、紅色五分及紫色十分，但有半數的十分郵票因紫色顏料用罄，而改用黑色或藍色。這項事實值得注意。所有的第二版郵票都印在打孔粗糙的紙上，似乎是以裁縫機打孔，顯然在郵票還沒印上就先打了孔，而郵票本身也印得毫無規則可言。不同面值的郵票總共印了八千套。此版使用的郵戳比以前的大，亦為圓形，中間有「福爾摩沙共和國．臺灣」字樣，內側日期為十月。所有郵票紙都未上背膠。

劉宣告所有經過當地郵局（民信局）的信件都要貼上民主國郵票。所有貨袋均經詳細檢查，以確實執行該政策。

值得注意的是，民主國結束之後，郵票也停止印發。而由於需求的緣故，偽票（尤其是第一版）已經出現，因此大家要小心避免贗品。

政府過去一、兩個月的支出都使用民主國債券，並宣告海關、商行、及所有人要把它當成真實且有價值的。在一段很短的時間內，債券在外國買辦可以照款兌換，可是在最後一、兩個星期兌換停止了，於是再發行類似的債券，這些債券是由城內的富人擔保的。另外也出現了一種投機性較高的債券，承諾當和平來臨民主國重建時，一元的債券將償還五元。鴉片商人就利用這些急速貶值的紙鈔，大量收購用在海關繳稅。

最後一項補充已經虧空的國庫的努力，是向成千上萬欲逃離臺灣的人們課稅。稅率是根據逃亡者的經濟狀況，課以二至四元乃至六元。

十月，日人從三方包圍劉，而打狗也輕易地淪陷。劉將軍及數名官員於十九日逃往大陸。安平及臺南府於二十一日投降，自五月二十四日成立的臺灣民主國就此結束。

禮密臣

日軍通訊員

臺北府・臺灣

附錄十　英國駐安平領事胡力穡呈駐北京公使歐維訥報告書

安平及臺南府之投降：劉永福的消失（大英外交文獻，四六／四五八，頁五十三）

臺南（安平）

十月二十三日，一八九五

先生：

很榮幸昨天經由英國駐廈門領事送電報向您報告日本人已於十月二十一日佔領了安平及臺南府。

日本帝國旗艦吉野號已於十月十九日離開打狗，加入其他艦隊（松島號及濟遠艦），停泊在安平砲臺南方兩英哩的地方。

十月二十日大家發現劉永福消失了，他很可能已經渡海到達大陸。雖然大家都這麼傳言，但這並不保證他真的離開了，他有可能躲入當地的土著部落。被主子遺棄的大部分的中國軍隊

（主要是湖南和安徽軍隊，以及少數的廣東軍隊）集中在安平附近，他們十分絕望，準備無條件投降。這麼多處於半飢餓狀態的人聚在外國租界，很可能造成暴動。民主國的海關主管麥嘉林，最近成為劉將軍的心腹，他對這些士兵勸說唯一安全的方法就是放下武器。於是一天之內（本月二十日），大約有四千人向亞里敦交出槍枝、彈藥和刀劍，置於海關的鴉片倉庫中。

麥嘉林事後寫信給停留於英輪派克號正要上岸探查狀況的柏金斯，他與荷蘭領事拜恩同行前往五哩外的日本旗艦吉野號，陳述軍隊已經主動解除武裝，不會遭遇任何抵抗。由於日人擔心發生叛亂，所以他們願隨日軍的登陸部隊上岸。不久，英輪派克號海軍上尉格蘭姆及特維德號海軍少校華特帶著麥嘉林的急件去見日艦司令官，告知其解除武裝一事。

十月二十一日上午八點半，小艦隊發了幾砲，用意顯然在威嚇當地人民，而非存心破壞；接著大約有兩百人經由小船在安平砲臺南方足足一英哩之處登陸。

九點，他們未受抵抗便於砲臺高懸日本旗幟。然後他們沿海岸分乘兩船，從不同方向朝村莊及租界挺進。海岸的隊伍在到達南方水路的時候，與另一船的小隊人馬會合，這些人就支援他們直到他們大約在十點抵達安平租界。

他們在熱蘭遮城發現已經解除武裝的軍隊，因為他們要利用那座建物充當司令部，所以他們迅速地將這批士兵集中在安平租界的一大片空地上，這片空地為安平海關所有，稱為甲地，周圍築有低矮的混凝土牆，裡面拘留了將近四千人。緊接著一大批外國人，包括派克號及孔雀號的官員，經由柏金斯雇用的汽艇於十一點登陸安平，稍後，我由打狗搭上另一艘汽艇也到了安平。

日本人搜索被俘的中國士兵，脫去他們的制服。甲地入口處與牆圍都布有日本哨兵，他們吹竹笛，用槍托，偶而也用刺刀防止士兵逃跑。有兩個人並未觸怒日軍可是也被殺了。在這裡，這些俘虜被拘留了三十個小時，等待日軍購入舢板船送他們到廈門去。我們在安平有兩、三口水井，但沒有一口適合飲用，而從臺南來的送水船受阻不能通行，因此飲水來源十分不易，眾人只能在大太陽底下飽受巨渴和毫無涼蔭蔽日之苦。昨天他們才慢慢登上旅順丸前往廈門；雖然我曾同一些外國人拜訪司令官，希望給這些人在長時間的等待中稍獲好解，但還是無濟於事。

關於日軍進駐臺南府的消息我都得自英人長老教會的巴克禮牧師，在整個佔領過程中巴牧師都留在市內。在此我把巴牧師寄給我的信也隨函寄給您，從信中可以看出巴牧師與宋忠堅牧師在整個和平佔領的過程中，主動告知日本南進軍第二軍司令乃木將軍人民希望投降，因此整個接管得以和平完成。

我沒有聽到臺南府有任何人喪命，但在安平至少有五十六名中國士兵喪生。這些士兵並未抗拒，他們在距安平大馬路不遠的軍營被刺刀刺斃。他們被草草埋葬，墓碑上說他們是在戰爭中陣亡。聽說他們之中有一些遲遲不肯交出武器，死時手上仍持有兵器。所有歐洲人均無恙，但據我了解英國人所在之處可能遭過了一些困擾。

在村莊及城市裡，強姦、搶劫都發生了，當地人極端恐慌，使此無法避免的災難更加嚴重。

總而言之，我認為向您提起麥嘉林及亞里敦兩位先生的服務事蹟是應該的。他們兩位對外國租界安全度過即將來臨的危險，實有莫大貢獻。卜頓先生還留在岸上。我也認為柏爾金先生在這艱難時期的奉獻，值得我們大大肯定。

很榮幸為您服務，

先生，

您最順從卑微的僕人

胡力穡

國家圖書館出版品預行編目（CIP）資料

臺灣老虎郵：百年前臺灣民主國發行郵票的故事 / 李明亮原著；王威智編撰 . -- 初版 . -- 臺北市：蔚藍文化，2018.10
面；　公分
ISBN 978-986-96569-3-1（平裝）
1. 郵票　2. 臺灣史
557.6462　　107015074

臺灣老虎郵
百年前臺灣民主國發行郵票的故事

原　　著／李明亮
編　　撰／王威智
社　　長／林宜澐
總 編 輯／廖志墭
編　　輯／王威智
編輯協力／林韋聿
書籍設計／黃子欽
內文排版／藍天圖物宣字社

出　　版／蔚藍文化出版股份有限公司
地址：10667臺北市大安區復興南路二段237號13樓
電話：02-7710-7864　傳真：02-7710-7868
臉書：https://www.facebook.com/AZUREPUBLISH/
讀者服務信箱：azurebks@gmail.com
總 經 銷／大和書報圖書股份有限公司
地址：24890新北市新莊市五工五路2號
電話：02-8990-2588
法律顧問／眾律國際法律事務所　著作權律師／范國華律師
電話：02-2759-5585
網站：www.zoomlaw.net

印　　刷／世和印製企業有限公司
定　　價／台幣320元
初版一刷／2018年10月